DICAS PARA ESCRITORAS
DE NÃO FICÇÃO

Editora Appris Ltda.
1.ª Edição - Copyright© 2023 do autor
Direitos de Edição Reservados à Editora Appris Ltda.

Nenhuma parte desta obra poderá ser utilizada indevidamente, sem estar de acordo com a Lei nº
9.610/98. Se incorreções forem encontradas, serão de exclusiva responsabilidade de seus organi-
zadores. Foi realizado o Depósito Legal na Fundação Biblioteca Nacional, de acordo com as Leis nᵒˢ
10.994, de 14/12/2004, e 12.192, de 14/01/2010.

Catalogação na Fonte
Elaborado por: Josefina A. S. Guedes
Bibliotecária CRB 9/870

D795d 2023	Drummond, José Augusto Dicas para escritoras de não ficção / José Augusto Drummond. – 1. ed. – Curitiba : Appris, 2023. 124 p. ; 21 cm. Inclui referências. ISBN 978-65-250-5036-2 1. Língua portuguesa – Escrita. 2. Textos. I. Título. CDD – 469.8

Livro de acordo com a normalização técnica da ABNT

Appris *editora*

Editora e Livraria Appris Ltda.
Av. Manoel Ribas, 2265 – Mercês
Curitiba/PR – CEP: 80810-002
Tel. (41) 3156 - 4731
www.editoraappris.com.br

Printed in Brazil
Impresso no Brasil

JOSÉ AUGUSTO DRUMMOND

DICAS PARA ESCRITORAS DE NÃO FICÇÃO

FICHA TÉCNICA

EDITORIAL	Augusto V. de A. Coelho
	Sara C. de Andrade Coelho
COMITÊ EDITORIAL	Marli Caetano
	Andréa Barbosa Gouveia - UFPR
	Edmeire C. Pereira - UFPR
	Iraneide da Silva - UFC
	Jacques de Lima Ferreira - UP
SUPERVISOR DA PRODUÇÃO	Renata Cristina Lopes Miccelli
ASSESSORIA EDITORIAL	Miriam Gomes
REVISÃO	Stephanie Ferreira Lima
PRODUÇÃO EDITORIAL	Miriam Gomes
DIAGRAMAÇÃO	Bruno Ferreira Nascimento
CAPA	Sheila Alves
REVISÃO DE PROVA	Isabela Bastos

SUMÁRIO

INTRODUÇÃO 7

I
ESCRITA 17

II
ARGUMENTAÇÃO 63

III
APRESENTAÇÃO 93

IV
BOM USO DO TEMPO 107

INDICAÇÕES DE LEITURA 115

ÍNDICE REMISSIVO 119

INTRODUÇÃO

Nesta obra apresento sugestões para ajudar escritoras de não ficção a produzir textos facilmente legíveis, bem fundamentados e que comuniquem com clareza o que elas têm a dizer. Embutido nesse objetivo há outro: facilitar a vida das leitoras, essas parceiras desejadas — mas quase sempre silenciosas — das escritoras. No entanto, as leitoras têm o direito soberano de abandonar os textos de escritoras que escrevam mal. Nenhuma escritora deve estimular as leitoras a exercer esse seu direito. Toda escritora deve fazer de tudo para reter as suas leitoras.

Pretendo exatamente ajudar escritoras a dar os seus recados e reter as suas leitoras por meio de textos bem escritos. Montei o texto fazendo sugestões, anotações e comentários à margem de problemas e erros que encontrei nas leituras que fiz de centenas de textos inéditos, como leitor crítico, avaliador, editor, consultor, professor, orientador, colega e coautor. Pretendo que a obra seja usada como um conjunto de sugestões pontuais, e não como um livro para ser lido página a página, na íntegra, como é próprio do gênero "manual de escrita". Este texto não pertence a esse gênero "manual", embora seja aparentado dele. Por isso, prefiro o termo "obra", e não "livro". Portanto, é uma obra para ser **consultada**, embora possa ser objeto de uma leitura "tradicional", de ponta a ponta, se assim desejarem as leitoras.[1]

---

[1] Sou coautor de um livro parecido com um manual de escrita, focalizado em dois gêneros de textos: artigos científicos e resenhas: BURSZTYN, Marcel; DRUMMOND, José Augusto; NASCIMENTO, Elimar Pinheiro do. *Como escrever (e publicar) um texto científico* – dicas para pesquisadores e jovens cientistas. Rio de Janeiro: Editora Garamond, 2010. Está disponível para compra em versões impressa e e-book.

Construí este texto usando como tijolos tópicos brevemente comentados, muitos deles ilustrados com exemplos. A grande maioria dos exemplos é verdadeira, pois foi retirada dos textos que editei. No entanto, alterei palavras, assuntos, datas e lugares para camuflar a identidade das autoras. Uma pequena parcela dos exemplos é de minha autoria — eu os inventei, mas não são mentirosos, pois se assemelham a passagens reais dos textos que li.

Ordenei os tópicos de acordo com a sua afinidade mútua. Eu os distribuí por quatro capítulos: **Escrita, Argumentação, Apresentação** e **Bom Uso do Tempo**. Compus ainda um **Índice Remissivo** para ajudar as minhas leitoras a localizar diretamente os tópicos do seu interesse, sem precisar ler ou folhear todo o conteúdo. Esta não é uma obra de consulta clássica como enciclopédias ou dicionários, pois não é exaustiva, nem sistemática como eles; mas a sua estrutura lhe dá um parentesco distante com obras de consulta.

O meu público-alvo é o de escritoras com experiência limitada ou mediana de escrever. No entanto, a obra talvez ajude também autoras experientes ou aquelas que enfrentam dificuldades para escrever. As minhas observações podem ajudar ainda escritoras que, mesmo escrevendo com facilidade, percebem que as suas leitoras têm dificuldade de entender os seus textos.

Existem bons livros, manuais e *sites* de Internet sobre escrita, principalmente para autoras iniciantes de textos de não ficção. Alguns tratam até da escrita de textos de ficção — romances, contos, roteiros de filmes e vídeos, poesias, peças de teatro etc., gêneros dos quais eu não me ocupo. Essas numerosas obras têm em geral uma organização sistemática e abordam numerosos aspectos que não incluí aqui ou que mencionei apenas brevemente — vocabulário, ortografia, gramática, sintaxe, regência verbal, tempos verbais, pontuação, acentuação, etimologia, abuso de jargão, técnicas de construção de sentenças e parágrafos, macetes de estilo, construção de personagens, redação de diálogos, tipos de narrativa e assim por diante.

Não pretendo concorrer com esses livros e *sites*, mas os complementar com sugestões e observações menos densas, selecionadas, pontuais e apropriadas a textos de não ficção. Esta minha obra se distingue dos manuais e assemelhados que li e consultei pelo fato de se basear principalmente na (i) leitura de numerosos textos inéditos e (ii) nos problemas e erros que identifiquei neles.

Não tenho estudos em letras, línguas ou em comunicação que me habilitem formalmente a ensinar a escrever. No entanto, penso que alguns atributos me conferem competência para apontar problemas e erros comuns nos escritos alheios e para sugerir soluções:

- **o hábito de escrever**. Ao longo dos anos, escrevi e publiquei aproximadamente 30 livros, 80 artigos, 50 capítulos de livros e 30 resenhas. Escrevi também muitas centenas de textos inéditos — outras resenhas, notas de aula, projetos de pesquisa, pareceres, relatórios de pesquisa e de consultoria, memoriais, avaliações, resumos, anotações de campo, transcrições de entrevistas, memórias pessoais etc. Traduzi alguns livros e revi numerosas traduções do inglês para o português e vice-versa, pois o inglês foi a primeira língua em que fui socializado e instruído. Durante mais de 30 anos, dediquei-me a uma arte em extinção: escrevi cartas e mantive correspondência — do tipo *snail mail*, com selos, envelopes e cola — com muitas pessoas. Houve fases da minha vida em que reservei um dia por semana apenas para escrever cartas, algumas com meia dúzia ou mais páginas.

- **consultas a livros de apoio à escrita.** Em modo autodidata, aprendi muito sobre o ato de escrever consultando obras que ajudaram a melhorar a minha escrita, como dicionários de sinônimos e de etimologia, *thesaurus*, manuais, estudos de bibliometria, *sites* didáticos etc. Fiz e continuo a fazer isso para superar dificuldades que me atormentam quando escrevo os meus próprios textos ou quando edito ou leio criticamente textos alheios.[2]

- **oficinas de escrita.** Cursei excelentes oficinas de escrita de língua inglesa nos EUA, nas quais aprendi muitas técnicas e soluções que se revelaram úteis também para melhorar a minha escrita em português.

- **leitores críticos.** Aprendi muitos pontos importantes sobre o ato de escrever a partir de leituras críticas de meus próprios textos feitas por professoras, colegas, alunas e avaliadoras anônimas de editoras e revistas científicas.

- **hábito de leitura.** Sou um leitor inveterado: na minha vida adulta, li mais de 1.700 livros e algumas centenas de artigos e textos curtos, em três línguas (português, espanhol e inglês), de todos os gêneros — romances clássicos e contemporâneos, contos, poesia, ensaios, jornalismo investigativo, jornalismo científico, biografias, memórias, depoimentos, textos científicos de

---

[2] Acrescentei ao final do texto (na seção "Indicações de Leitura") uma breve lista de títulos de livros desse tipo que consultei ao longo dos últimos anos.

ciências humanas e ciências *hard*, resenhas, roteiros cinematográficos, peças teatrais etc. Leio regularmente jornais, revistas e textos de *sites* e *blogs*. Ler bons textos ensina a escrever bem.

Apesar de eu ter lido muitos textos publicados, os tópicos que selecionei para incluir nesta obra foram suscitados quase exclusivamente pela leitura de textos inéditos. A matéria-prima que usei aqui veio de leituras críticas e do trabalho de edição que fiz de cerca de 1.700 textos inéditos, em diferentes fases de produção. Comecei a fazer esse tipo de leitura desde fins dos anos 1980. Foram textos acadêmicos, para-acadêmicos, científicos e ensaios escritos por numerosas autoras: teses, dissertações, monografias, TCCs, trabalhos de conclusão de disciplinas, ensaios, projetos e relatórios de pesquisa, anotações de pesquisa de campo, resenhas, artigos, memoriais, transcrições de entrevistas etc. Esses textos foram escritos por cerca de 700 autoras e coautoras — professoras, pesquisadoras, colegas, amigas, alunas e um bom número de desconhecidas. Ler textos inéditos foi um hábito adquirido ao longo da minha carreira de quase 45 anos como professor universitário nas áreas de ciências sociais (por cerca de 15 anos) e de ciências ambientais (por outros 30 anos). Por isso, o conjunto de tópicos que selecionei tem um viés admitidamente acadêmico-científico.[3] No entanto, procurei atenuar esse viés para tornar a obra útil e interessante para escritoras do gênero mais amplo de não ficção.

---

[3] Vale destacar que cerca de 500 desses textos inéditos que li foram apresentados nas 18 versões de uma disciplina que ministrei (com vários colegas do CDS-UnB), entre 2008 e 2023, com o nome Oficina de Escrita Científica. Aproximadamente 250 alunas cursaram a disciplina. O objetivo da disciplina é ajudar os alunos a preparar textos de sua autoria para submissão a revistas científicas e eventual publicação.

Esse esforço para atenuar o viés acadêmico-científico se expressa na inclusão de alguns tópicos sugeridos por leituras que fiz de um número considerável de outros tipos de textos, como romances, contos, notícias e colunas de jornais, textos de opinião, reportagens investigativas, entrevistas, textos de propaganda comercial e de publicidade institucionais, documentos e folhetos governamentais e de ONGs e *blogs*. Alguns poucos tópicos surgiram do meu hábito de prestar atenção às falas de jornalistas, comentaristas e entrevistadas em programas de rádio, TV, documentários e *podcasts*, pois noto que algumas falas contêm erros, defeitos e vícios que provêm da e/ou se incorporam à linguagem escrita.

As minhas leituras de todos esses materiais geraram anotações, críticas e sugestões que devolvi sistematicamente a cada uma das autoras lidas. Sem ter um objetivo claro, ao longo dos anos fui guardando nos HDs de vários computadores pessoais os arquivos eletrônicos das íntegras dos 1.700 textos anteriormente mencionados contendo as marcações que fiz neles. Esse acervo acabou servindo como a principal matéria-prima para escrever este livro. Ao longo de dois anos, reli todos esses textos, revi as minhas anotações e, dessa forma, selecionei os problemas e as dificuldades mais recorrentes e os que mais atravancam a escrita e a leitura.

Como informei anteriormente, em muitos tópicos usei pequenos trechos desses textos para ilustrar os problemas e dificuldades que identifiquei e para sugerir formas de consertá-los e evitá-los. Coloquei esses trechos sempre entre aspas, mas, repito, tive o cuidado de alterar palavras e assuntos, de modo a evitar a identificação das suas autoras. Tomei esse cuidado porque não pedi permissão às autoras para usar trechos dos seus textos como matéria-prima. Mesmo assim, registro aqui o meu agradecimento genérico a todas elas.

Dividi os tópicos aqui tratados em quatro capítulos, que passo a comentar. A seção **Escrita** é a que mais se parece com os mencionados "manuais" disponíveis no mercado editorial e na Internet. No entanto, ela não é exaustiva (como pretendem ser muitos manuais), nem contém explicações e argumentos técnicos (sobre ortografia, gramática, sintaxe, etimologia etc.) a favor de (ou contra) certas soluções de escrita. Trato principalmente de problemas e vícios que, no meu julgamento, emperram a escrita e dificultam a leitura e o entendimento. Nesse particular, o texto difere marcadamente dos manuais, que via de regra têm uma pauta abrangente e sistemática definida por critérios técnicos de linguística. A minha pauta não chega a ser aleatória, mas foi composta a partir de problemas e dificuldades que encontrei nos muitos textos alheios e inéditos que li.

A seção **Argumentação** busca ajudar as escritoras a manter a lógica e a clareza nas partes dos textos em que elas sustentam os seus argumentos, criticam textos alheios, apresentam explicações e análises, descrevem e discutem as descobertas de suas pesquisas e reportagens e expõem as suas conclusões. Essas são as partes mais importantes de qualquer texto de não ficção. Essa seção se baseia na minha percepção de que uma escritora pode produzir textos bem formatados e bem escritos (de acordo com as regras cultas da língua) e ainda assim apresentar as suas ideias de forma confusa, errada ou mesmo ilógica.

A seção **Apresentação** trata de aspectos selecionados daquilo que geralmente se chama "formatação". Principalmente para quem escreve textos destinados à publicação e que serão avaliados (por professoras, colegas, editoras, agências de financiamento, empregadoras potenciais etc.), a questão da apresentação formal dos textos é a cada dia mais importante. Quase todos os veículos criam, divulgam e exigem a obediência das autoras a regras de formatação (tamanho, espaçamento, tipos de fonte etc.). No caso de autoras que têm meios de publicar os seus próprios textos e/ou das autoras que não pretendem publicar os seus textos, obviamente regras de apresentação não se aplicam, a não ser as regras eventualmente criadas por elas mesmas. Trato dos tópicos dessa seção com mais detalhes e rigidez, com base na leitura de muitas dezenas de "instruções aos autores" divulgadas por obras de referência, manuais, revistas, editoras e organizações diversas. De novo, não fui exaustivo: selecionei as exigências mais comuns e que facilitam a apresentação das ideias pelas autoras e a compreensão delas pelas leitoras.

A quarta e última seção, **Bom Uso do Tempo**, contém sugestões de como lidar com o fato de que escrever consome uma coisa que, paradoxalmente, a maioria das escritoras não tem ou só tem insuficientemente: tempo para escrever. Textos bem-acabados exigem muito tempo de escrita e um tempo de revisão bem maior. Mesmo para quem escreve sem prazos, o tempo exigido para chegar à versão final de um texto pode ser exaustivo, intimidador ou desanimador. Essa seção sugere alguns procedimentos simples que ajudam as escritoras a manter o foco, conservar a energia e aproveitar de modo produtivo o seu tempo — seja ele farto ou curto.

Registro os meus agradecimentos a Priscila Jacob, Isadora de Afrodite Richwin Ferreira e Helena Drummond, exímias escritoras, pelos comentários feitos à penúltima versão deste texto.

Posso resumir este livro em menos de duas linhas e meia:

Eu me preocupo menos com o que é **certo** ou **errado** na escrita e mais com o que facilita **escrever**, facilita **ler** e facilita o **entendimento**.

José Augusto Drummond

Brasília (DF) e Guapimirim (RJ), 2021-2023

Nota sobre o texto

Isadora Ferreira chamou a atenção para o fato de que na versão original deste texto eu não abria espaço para o gênero feminino. Outras leitoras disseram o mesmo de outros textos meus, mas nunca modifiquei os meus textos por causa desses comentários. No entanto, por algum motivo, o comentário da Isadora me tocou. Desde sempre, eu me recuso a escrever um rosário de "eles/elas", um pastiche de "autores/autoras" ou *grafittis* esdrúxulos como "escritorxs" e "leitorxs". Refletindo sobre o comentário de Isadora, eu me lembrei de um livro de Débora Diniz, que li há uma década, no qual ela "feminizou" (o termo é meu) o texto inteiro.[4] Na época, gostei dessa solução e avaliei que ela é melhor do que praticar uma inverossímil "linguagem neutra de gênero". No entanto, não adotei essa solução nos textos que escrevi depois de ler Diniz. Resolvi "feminizar" integralmente este texto, *a posteriori*, quando ele já estava bem adiantado e 100% "masculinizado". Acatei a observação de Isadora Ferreira e segui o exemplo de Débora Diniz. O texto melhorou. Que os homens não me perdoem caso se sentirem excluídos, e que as mulheres não se empolguem demais com essa minha "novidade", que estou cometendo apenas neste que deve ser o meu último livro publicado.

---

[4] DINIZ, Débora. *Carta de uma orientadora*: o primeiro projeto de pesquisa. Brasília: LetrasLivres, 2012.

I

ESCRITA

O mantra deste texto é: **as autoras devem escrever bem para facilitar o entendimento das leitoras**. Além de apontar problemas e erros, ofereço sugestões pontuais para superar problemas e corrigir erros.

Um dos lugares-comuns sobre a produção de bons textos reza que "escrever é revisar". Concordo. Nenhum texto — mesmo curto, mesmo destinado a uma única pessoa ou a um pequeno grupo — sai pronto e acabado na primeira versão, nem na segunda e frequentemente nem na terceira. Exceções aparentes a essa regra são textos de telegramas (definitivamente fora de moda), e-mails (quase saindo de moda) e textos instantâneos de WhatsApp, Facebook, Twitter e similares (na crista da popularidade, sabe-se lá por quanto tempo). Mas, por vezes, cometemos erros, alguns graves, mesmo quando escrevemos e-mails e textos instantâneos sem fazer revisão (inclusive sem conferir os nomes das destinatárias...).

Revisar um texto é trabalhoso, pois significa fazer várias coisas ao mesmo tempo, várias vezes seguidas: procurar e corrigir erros; cortar trechos e palavras que atrapalham ou nada adicionam; inserir palavras ou trechos; substituir palavras que não funcionam; enxugar trechos longos demais; ampliar trechos curtos demais; reposicionar trechos; mudar tempos verbais; reescrever trechos inteiros etc. Para jornalistas e outras que escrevem sob as pressões geradas por prazos apertados e/ou tamanhos máximos, o objetivo ideal da revisão geralmente é **reduzir** o tamanho dos textos e fechá-los. O lugar comum adotado por muitas jornalistas e assemelhadas para ilustrar isso é "escrever é revisar, e revisar é cortar". Outro lugar comum popular entre elas consagra textos curtos: "qualquer história pode ser contada em quatro parágrafos ou menos". Para não jornalistas, no entanto, revisão não significa, nem busca necessariamente reduzir os textos, nem precisa cumprir prazos apertados de algumas horas ou dias, embora muitos textos até acabem sendo encurtados. Para essas outras autoras, a revisão deve buscar mais legibilidade, construir uma narrativa contínua, fluente e densa (sem saltos ou vazios) e facilitar a compreensão — e tudo isso frequentemente leva ao **crescimento** do texto.

Em qualquer caso, para textos mais longos, mais densos ou mais elaborados, há uma regra da qual as autoras nunca devem se esquecer: revisar bem um texto escrito num tempo **x** (primeira versão) pode gastar um tempo **5x** a **8x** até chegar a uma versão final, ou apenas passível de ser circulada ou publicada, mesmo se o texto não crescer muito. Ilustrando com números: 10 minutos de escrita primária podem acarretar 50 a 80 minutos de revisão. Ou seja, **revisar gasta a maior parte do tempo dedicado a escrever**.

SUGESTÕES

ADOTAR UM MANUAL DE ESCRITA (QUE PODE SER TAMBÉM UM MANUAL DE FORMATAÇÃO)

Existem muitos manuais desse tipo, com diferentes enfoques e abrangências. Alguns ensinam a tratar bem a língua, palavra a palavra, sentença a sentença; outros focalizam na boa organização de textos longos; outros combinam os dois focos. Alguns combinam isso tudo com sugestões de formatação. No entanto, penso que cada autora que decida adotar um manual deve escolher e trabalhar com **apenas um**, até que ele se mostre insuficiente ou inadequado e mereça substituição. O manual escolhido pode ser complementado com o uso de obras de referência, como enciclopédias e dicionários de sinônimos e etimológicos. Como muitos desses manuais estão disponíveis na Internet, a facilidade de acesso estimula as escritoras a usarem mais de um; mas isso pode causar confusão e até desperdício de tempo, pois os manuais frequentemente dão sugestões e soluções diferentes e até contraditórias entre si. A escolha pode recair sobre uma obra disponível no mercado ou uma obra recomendada por amigas e colegas ou até pelas instituições a que as autoras pertencem; pode ser ainda uma obra recomendada por quem vá publicar o texto (editora, revista, jornal, *site*, agência de financiamento etc.). Há universidades e programas de pós-graduação que produzem ou adotam manuais para todos os seus alunos e colaboradores.[5] Alguns jornais e organizações midiáticas também criam e publicam manuais de escrita a serem usados por suas

---

[5] O manual da Universidade Federal de Santa Catarina é um bom exemplo, está disponível em: https://portal.bu.ufsc.br/normalizacao/.

funcionárias e colaboradoras.[6] Esses "manuais de redação de jornal" são úteis e são atualizados com frequência, embora tendam a ser muito mais detalhados do que o necessário para não jornalistas.

EVITAR TÍTULOS ENGANOSOS

É relativamente comum que as autoras batizem os seus textos com títulos que, embora bonitos, intrigantes ou provocadores, não descrevem bem o conteúdo do texto ou simplesmente nada dizem sobre esse conteúdo. Gírias, expressões da moda, trechos de letras musicais ou fatos recentes notórios inspiram esses títulos chamativos. Isso pode ser um problema sério, pois estudos de bibliometria mostram que um dos critérios mais importantes que as leitoras adotam — mesmo inconscientemente — para se decidir pela leitura de um texto é precisamente o título. As autoras precisam sempre lembrar — não apenas na questão de escolha dos títulos — que as leitoras típicas

(i) têm menos tempo para ler do que as autoras têm para escrever; e

(ii) têm outros textos para ler.

Numerosos textos de numerosas autoras e temas competem entre si pelo tempo escasso que cada leitora tem para ler. As autoras devem se esforçar para que as leitoras potenciais escolham e leiam o texto que elas escreveram. Há pelo menos três modos de um título ser enganoso, independentemente da intenção das autoras:

(i) sugerir que um tema é central, quando na verdade ele é secundário;

---

[6] O famoso manual do jornal *Estado de São Paulo* está disponível em: https:// www.estadao.com.br/manualredacao/.

(ii) ser vago; e

(iii) usar um recurso (poético, literário, gíria, humo-rístico, trocadilho, jogo de palavras, bordões etc.) que, embora capaz de chamar a atenção, pouco ou nada diz sobre o conteúdo do texto e talvez seja insuficiente para prender as leitoras até o final.

Um hábito atual e relativamente comum que ilustra essa terceira opção é usar parênteses no início ou no meio de uma palavra central do título. Isso pode chamar a atenção — mas frequentemente provoca confusão. Exemplos reais:

"Como (des)implementar uma política pública" Ou:

"Análise de um ato de (in)justiça social" Ou:

"A arte de (des)escalar um time de futebol"

Os efeitos de um título inadequado variam – mas as leitoras podem simplesmente ignorar o texto ou abandoná-lo antes de completar a leitura, se elas concluírem que foram vítimas de uma "propaganda enganosa".

DEFINIR O OBJETIVO DO TEXTO O MAIS CEDO POSSÍVEL

Quanto mais cedo e mais claramente as autoras informarem o objetivo do texto, maior é a possibilidade de que as leitoras decidam ler esse texto. Leitoras ciosas do seu tempo escasso tenderão a ignorar ou abandonar um texto que não informe logo o seu objetivo. As autoras que repassam para as leitoras a tarefa de descobrir o objetivo do texto se arriscam a perdê-las. Até um bom título ajuda as autoras a informar o seu objetivo e as leitoras a descobrirem esse objetivo. Fazer mistério sobre o objetivo de um texto é um recurso comum em textos de ficção, mas é contraproducente em textos de não ficção. Perder leitoras é o fracasso mais contundente para escritoras. A importância de informar o objetivo vale tanto para textos longos quanto para textos médios e curtos. Um perigo aparentado ocorre quando as autoras "desdobram" consciente ou inconscientemente o objetivo inicial, anunciando ao longo do texto objetivos adicionais que podem se relacionar ou não com o objetivo original. Se um texto tem de fato vários objetivos distintos, o que é comum e aceitável, as autoras farão bem se definirem **todos os objetivos ao mesmo tempo, o mais cedo possível.**

USAR PREFERENCIALMENTE A ORDEM DIRETA E A VOZ ATIVA NA CONSTRUÇÃO DAS SENTENÇAS

Em nome da clareza e da economia de palavras, sustento que as autoras devem construir sentenças preferencialmente com a estrutura **sujeito – verbo – predicado** (**SVP**), o que favorece a **voz ativa**. Se as leitoras identificam facilmente o sujeito (= quem executa a ação) e o verbo (= que indica qual é a ação), elas já captam "dois terços" da sentença — o ator (sujeito) e a ação (verbo). Sujeitos e verbos são os "reis" de uma boa sentença. Depois da definição deles, falta às leitoras captar apenas o terço restante, contido no **predicado**. Isso obviamente facilita a leitura e a compreensão. Atores (sujeitos) e verbos (ações) são quase sempre designados por uma ou poucas palavras. As sentenças se alongam nos predicados ou no "terceiro terço" de uma sentença SVP. Por isso, é bom que as autoras sempre coloquem os predicados "à direita", do meio para o fim da sentença, quando elas já definiram sujeito e verbo "à esquerda", no início da sentença. Há controvérsia sobre essa minha posição. Há quem diga que sujeitos e verbos não são tão importantes assim para a compreensão de uma sentença. Há mesmo alguns tipos de escrita (boa parte de artigos e outros textos científicos, por exemplo) em que o uso da fórmula SVP é **proibido** e o uso da voz passiva é **obrigatório**.

O uso obrigatório da voz passiva levou a autora de um texto de pesquisa que li à seguinte forma de apresentar o principal resultado:

"Foi constatado pela nossa pesquisa que componentes dos pesticidas químicos aplicados nos cultivos são retidos no solo."

Duas vozes passivas (constatado por quem? aplicado por quem?) deixam na sombra dois sujeitos e a autora esconde a afirmação principal (pesticidas ficam retidos no solo) no final da sentença.

É melhor escrever assim — os sujeitos ficam explicitados e o resultado da pesquisa ganha destaque:

"A nossa pesquisa constatou que o solo retém componentes dos pesticidas químicos que os agricultores aplicam nas culturas."

Quem defende ortodoxamente a voz passiva sustenta que as autoras que dão destaque aos sujeitos "personalizam" as sentenças ou incorrem em "narcisismo autoral" (quando os sujeitos do verbo são as próprias autoras do texto). No entanto, não vejo nisso motivo para mudar a minha opção preferencial pela estrutura SVP. Adicionalmente, o uso preferencial da estrutura SVP se combina com a minha recomendação de usar preferencialmente sentenças curtas (ver mais adiante). A estrutura SVP nos estimula a escrever predicados curtos, claramente conectados com sujeitos e verbos bem definidos.

EVITAR O USO DE VOZ PASSIVA

A voz passiva é exatamente o oposto da voz ativa em termos de clareza e de economia de palavras. Ela se distingue da estrutura SVP, pois via de regra coloca o sujeito depois do verbo, exige um verbo adicional e mistura o sujeito com o predicado. Exemplos:

(i) **"Ontem vovô viu as uvas na geladeira nova."** Estrutura SPV.

(ii) **"As uvas foram vistas ontem na geladeira nova pelo vovô."** Voz passiva.

Note como na voz passiva a autora pendurou o sujeito "vovô" no fim da sentença e dificultou a identificação do ator do distante verbo "ver". Muitas vezes, a voz passiva simplesmente esconde o ator — sujeito. Veja como é fraco e vago este trecho a seguir, que coletei (e levemente modifiquei) em noticiário de jornal. A autora caprichou e usou duas vozes passivas na mesma sentença, escondendo com sucesso dois sujeitos:

"Está previsto que um laudo sobre o assunto será divulgado entre hoje e amanhã pela Polícia Civil."

Quem previu? Nunca saberemos. Quem vai divulgar? Precisamos caminhar penosamente até o fim da sentença para saber que a Polícia Civil é o ator que vai divulgar. A sentença fica mais forte, mais clara e mais curta se eliminarmos as duas vozes passivas e assumirmos a estrutura SVP:

"A Polícia Civil deverá emitir um laudo sobre o assunto entre hoje e amanhã."

A voz passiva por definição oculta ou coloca na sombra os atores dos verbos. Isso não facilita o entendimento.

EVITAR SENTENÇAS LONGAS

Tenho preferência por sentenças curtas — são mais facilmente escritas e mais facilmente lidas.[7] As escritoras facilitam o seu trabalho e ajudam as leitoras se redigirem **sentenças curtas**. Evidentemente, não existe um tamanho

---

[7] Brooks Landon defende o uso de sentenças longas em língua inglesa, posição rara entre os autores de livros de apoio a escritoras. No entanto, ele ressalta que as escritoras têm que conhecer muito bem a gramática e a sintaxe para que as suas sentenças longas sejam legíveis. Landon não admite explicitamente, mas a sua posição implica dificultar o ato de escrever. Ver LANDON, Brooks. *Building Great Sentences* – how to write the kinds of sentences you love to read. New York: Penguin, 2013.

padrão que eu possa recomendar a todas as escritoras, em todas as circunstâncias e em todos os gêneros. Eu recomendo aplicar uma regra empírica bem simples, aplicável a cada momento do ato de escrever: as autoras devem colocar um ponto-final numa sentença (e abrir outra) assim que ela completar **três linhas padrão** do Word (com fontes de tamanho 12). Isso não impede que elas desistam desse ponto-final numa revisão posterior. Talvez o ponto-final até caiba melhor antes do fim da terceira linha, mas com esse procedimento rotineiro as autoras ficam alertas para o fato de que estão esticando a sentença e que está na hora de fechá-la.

Outra regra empírica é tentar dizer apenas uma ou duas coisas em cada sentença. Mas isso exige atenção: a língua portuguesa tem recursos que, mal ou bem usados, estimulam as autoras a alongar demais as sentenças e a enfileirar cinco, seis, sete ou mais componentes numa única sentença. Esses recursos incluem vírgulas, ponto e vírgulas, dois pontos, parênteses, hifens, travessões, adjetivos, advérbios, pronomes, gerúndios (tempo verbal) etc. Eis um exemplo levemente adaptado (mas não fictício) de uma sentença excessivamente longa que encontrei, na qual introduzi a minha contagem em algarismos romanos das muitas coisas que a autora tentou dizer:

" (i) Considerando a realidade da América do Sul, (ii) os debates em torno do assunto, (iii) a conjuntura ligada às mudanças das políticas e sociais — (iv) iniciadas em 2016 — e (v) aprofundadas pelo governo recentemente empossado (vi) (que adota fundamentos do neoliberalismo), (vii) constatamos que isso tudo conduz a questionar quanto à (viii) possibilidade/probabilidade de o programa de biodiesel, (ix) lançado pelo governo federal (x) em 2009, (xi) levar em conta as singularidades da agricultura familiar e dos agricultores, ou se, ao contrário, (xii) tentar usar o programa apenas como fonte de (des)apropriação do conhecimento agrícola das famílias."

A autora tentou dizer 12 coisas de uma só vez — e obviamente fracassou. Duvido que alguém entenda essa sentença com uma única leitura. É preciso estar atento para não abusar dos recursos para esticar as sentenças, pois sentenças longas invariavelmente dificultam a escrita e a leitura. Pontos-finais são o recurso mais simples e eficaz para manter uma sentença curta, limpa e compreensível.

Portanto, a sugestão é: diga apenas uma ou duas coisas de cada vez e use pontos-finais sem inibições, sem ter medo de causar a sua extinção...

MANEIRAS COMUNS (QUE NÃO DEVEM SER USADAS) DE ESCREVER SENTENÇAS LONGAS

Ainda sobre sentenças longas: dois dos recursos mais empregados para prolongar sentenças são:

(i)   o emprego de sucessivos verbos no **gerúndio**; e

(ii)   o uso de parênteses.

Vejamos um exemplo semirreal; eu me inspirei na fala aflita, ao vivo, de uma repórter de rádio; assinalei com maiúsculas o uso que ela fez de gerúndios e parênteses:

"Ontem, PERCEBENDO que iria chover (CONFERI NA INTERNET), PREVENDO que a água entraria pelas janelas da minha casa (QUE ESTAVAM ABERTAS), TEMENDO que os móveis e tapetes fossem estragados (COMO OCORREU NO VERÃO PASSADO), não HAVENDO outra pessoa da família em casa (ESTAVAM TODOS NO TRABALHO E NA ESCOLA), então corri para casa e fechei as janelas (O QUE DEVERÍAMOS TER FEITO DESDE MANHÃ CEDO)." [66 palavras]

Melhor:

"Corri para casa e fechei as janelas antes que a chuva estragasse de novo os meus móveis e tapetes." [19 palavras]

EVITAR SUJEITOS VAGOS OU NÃO IDENTIFICÁVEIS

Principalmente na voz passiva — mas por vezes também na voz ativa —, as autoras podem construir os sujeitos de forma a ficarem vagos, incertos. Esconder os sujeitos enfraquece a estrutura básica e o conteúdo de qualquer sentença; redigir muitas sentenças no mesmo texto dessa forma enfraquece a produção textual. Vale a pena repetir: as sentenças bem escritas privilegiam os **sujeitos** (agentes ou atores) e os **verbos** (ação). Eis um exemplo simples, não fictício e muito comum de um sujeito bem escondido:

"O aquecimento global é classificado como o mais grave problema ambiental da atualidade."

Essa sentença em voz passiva dispara imediatamente a pergunta das leitoras atentas: "Quem classifica?" — o que é o mesmo que perguntar "Quem é o sujeito do verbo classificar?" A autora deu margem a essa dúvida. Melhor é escrever assim:

> **"O International Panel on Climate Change (IPCC) classifica o aquecimento global como o mais grave problema ambiental da atualidade."**

Quando as autoras geram incerteza sobre o sujeito, as leitoras são obrigadas a procurá-lo em outra parte do texto ou a pensar duas ou três vezes para descobrir (ou adivinhar) quem é esse sujeito. Esses dois esforços emperram a leitura e dificultam o entendimento.

EVITAR PARÁGRAFOS DE UMA SÓ SENTENÇA, SEJA A SENTENÇA LONGA OU CURTA

Essa sugestão vale principalmente para textos mais longos como teses, dissertações, ensaios, relatórios de pesquisa, livros, artigos científicos, reportagens investigativas etc. Essas produções precisam de um **fluxo denso, mas suave, de descrições, análises e conclusões** nas suas diferentes seções. Praticar parágrafos de uma só sentença tende a "picotar" esse fluxo, separando esses três componentes em parágrafos distintos e causando barulho na leitura. Mas é preciso reconhecer a realidade: esse tipo de escrita picotada, com parágrafos minimalistas, consagrou-se nos últimos anos em documentos institucionais de ONGs e de governo, peças publicitárias, introdução a *sites* e plataformas e mesmo matérias jornalísticas publicadas na Internet, escritas inclusive por colunistas políticas que há poucos anos praticavam parágrafos encorpados, com várias sentenças bem construídas e bem encadeadas entre si. Será que isso acontece por influência dos enxutos textos das redes sociais e dos *slogans* publicitários? Ou será que derivou das mensagens curtas usadas em e-mails? Seja qual for a origem, o uso sistemático de parágrafos curtos me parece prejudicial à escrita e à leitura de textos de grande fôlego.

EVITAR O USO SIMULTÂNEO DE DIFERENTES TEMPOS VERBAIS

Essa prática é relativamente comum em textos que narram eventos passados ou em textos que tratam simultaneamente de eventos recentes e eventos passados. Ela pode ocorrer numa mesma sentença ou na sequência de várias sentenças. Invariavelmente ela cria confusão na cabeça das leitoras. Eis um exemplo adaptado em que a autora usou quatro tempos verbais distintos em apenas duas sentenças:

"Fulano VIAJOU pela região do rio Z em 1908. Isso FAZ dele o explorador pioneiro da região, embora alguns autores contemporâneos AFIRMEM que Beltrano TERIA CRUZADO esse rio antes de 1908. Novas pesquisas REVELARÃO quem É o pioneiro."

É melhor unificar os tempos verbais e, se os fatos pertencem principalmente ao passado, como é o caso aqui, é melhor optar pelos tempos passados. Sem eliminar totalmente a variação de tempos verbais, penso que a sentença fica melhor assim:

"Fulano VIAJOU pela região do rio Z em 1908. Isso FEZ dele o pioneiro na exploração da região, embora alguns autores atuais AFIRMEM que Beltrano CRUZOU esse rio antes de 1908. Talvez novas pesquisas DEFINAM o verdadeiro pioneiro."

ABRIR ASPAS SEM FECHÁ-LAS OU FECHAR ASPAS SEM ABRI-LAS — É ERRADO E CONFUNDE AS LEITORAS

É inevitável que os olhos das leitoras procurem as aspas ausentes, emperrando a leitura e prejudicando a compreensão.

ABRIR PARÊNTESES SEM FECHÁ-LOS OU FECHAR PARÊNTESES SEM ABRI-LOS — É ERRADO E CONFUNDE AS LEITORAS

É inevitável que os olhos das leitoras procurem os parênteses ausentes, emperrando a leitura e prejudicando a compreensão.

NÃO SEPARAR SUJEITOS/VERBOS DOS PREDICADOS COM VÍRGULAS

Apesar de esse ser um dos defeitos mais graves de escrita, é muito frequente. É também difícil de erradicar — as pessoas que passaram muito tempo cometendo esse erro insistem nele, mesmo quando recebem críticas. Esse posicionamento da vírgula mata qualquer sentença.

Eis dois exemplos adaptados, nos quais as vírgulas são injustificadas e só servem para confundir:

"O COMERCIANTE ANUNCIA, os preços das mercadorias por meio de etiquetas."

"ESSA ÁRVORE ABRIGA, vários ninhos de aves."

NÃO SEPARAR SUJEITOS DOS VERBOS COM VÍRGULAS

Esse é outro erro tão grave, tão comum e tão difícil de erradicar quanto o anterior. Eis dois exemplos:

"O COMERCIANTE, ANUNCIA os preços das mercadorias por meio de etiquetas."

"ESSA ÁRVORE, ABRIGA vários ninhos de aves."

CUIDADO COM OS SUJEITOS COMPOSTOS

Às vezes um sujeito composto (construído com muitas palavras) induz as autoras a cometerem o erro de inserir uma vírgula, quando finalmente elas chegam ao verbo. Eis um exemplo retirado quase literalmente de um texto que li:

> **"As numerosas políticas públicas focalizadas no saneamento básico emitidas pelos governos federal, estaduais e municipais entre 2000 e 2015, contribuíram para aumentar as expectativas de que o problema fosse resolvido."**

A inserção da vírgula depois de 2015 é errada, pois separou o sujeito (enorme, mas ainda sujeito) do verbo e do predicado.

EVITAR O USO INCONSISTENTE DE SIGLAS E ABREVIATURAS

Usar siglas e abreviaturas pode ajudar na escrita e na leitura de um texto de não ficção, principalmente nos casos de textos longos ou que mencionam muitos "personagens". O uso consistente ocorre quando elas substituem repetidas referências a nomes longos e completos de organizações, associações, agências governamentais, eventos, políticas públicas, regulamentos, metodologias de pesquisa etc. As autoras podem e devem adotar siglas e abreviaturas, pois elas ajudam a enxugar o texto. Para certos tipos de textos, é frequente haver instruções específicas sobre como definir e usar esses dois recursos, mas não tratarei disso. Ocorre inclusive a exigência de compor uma lista deles, para ajudar as leitoras. De toda forma, estudos da bibliometria constataram que listar um número muito alto de siglas e abreviaturas tende a dificultar a vida das leitoras. Mas o problema maior que vejo não é a quantidade. O que mais atrapalha as leitoras é o **uso inconsistente** desse recurso. O procedimento correto é o seguinte:

(i) uma vez que as autoras decidem usar a sigla/abreviatura, elas devem entrar na lista, se isso for exigido;

(ii) na primeira vez que a entidade aparece no texto, as autoras devem usar o nome completo dela, seguido imediatamente pela sigla ou abreviatura, entre parênteses;

(iii) na sequência do texto, **as autoras devem usar sempre e apenas a sigla/abreviatura, até o fim do texto**.

Alternar o nome completo e a sigla/abreviatura ao longo do texto é o que chamo de uso inconsistente. Ele só serve para confundir as leitoras.

EVITAR TRATAR O MESMO PERSONAGEM COM MAIS DE UM NOME

É relativamente comum que autoras usem, intencionalmente ou não, nomes diferentes para designar o mesmo personagem (pessoa, lugar, instituição, evento etc.) do seu texto. Esse hábito deriva de uma antiga regra informal — de duvidosa validade hoje em dia, mas ainda difundida — que reza que devemos evitar a repetição de palavras. Embora essa regra não seja absurda, as autoras devem ponderar se a variação de nomes do mesmo personagem no mesmo texto cria confusão para as leitoras, que ficam obrigadas a relembrar continuamente a quem as autoras se referem. Exemplos retirados de textos que eu revi:

- **"Conferência das Nações Unidas sobre o Meio Ambiente e Desenvolvimento" (nome oficial de um evento)** — chamada no mesmo texto também de Rio-92, Eco-92, Cúpula do Meio Ambiente e Conferência Mundial sobre Meio Ambiente.

- **"Sérgio Buarque de Holanda" (nome de um autor)** — chamado no mesmo texto também de Sérgio, Holanda, Hollanda, Buarque de Holanda e Sérgio Buarque.

- **"Pantanal" (nome de um bioma brasileiro)** — chamado no mesmo texto também de Pantanal Brasileiro, Pantanal Mato-grossense, Pantanal Brasileiro-Paraguaio, Bioma Pantanal, Região do Pantanal e Pantanal do Paraguai.

- **"Amazônia" (nome de um bioma)** — chamado no mesmo texto também de Bacia Amazônica, Região Amazônica, Floresta Amazônica, Amazônia Legal, Amazonas e Região Norte.

Num artigo de apenas quatro parágrafos publicado na seção de esportes de um grande jornal brasileiro, uma entusiasmada autora deu ao nosso saudoso futebolista Pelé nove nomes diferentes:

"rei do futebol", "atleta do século", "o grande atleta negro", "o maior goleador da seleção", "o autor de mais de mil gols", "Edson Arantes do Nascimento", "o campeão mundial aos 17 anos de idade", "o único jogador campeão do mundo por três vezes" e... "Pelé".

Em apenas uma página e meia de um texto relativamente longo, uma autora assim variou o nome da sua "área de estudo":

"lugar", "região", "local", "localidade", "fronteira", "território", "berço das águas", "cerrado", "bacia hidrográfica", "grupo de municípios", "microrregião", "planalto" e... "área".

Não há leitoras que consigam lidar com todos esses nomes sem se confundir.

"ONDE" SÓ SE USA PARA INDICAR LUGAR.

É errado usar "onde" para se referir a qualquer coisa que não seja lugar. Exemplos desse erro:

"Li o decreto de nomeação do diretor, onde não há referência à duração do seu mandato."

"Foi nesse curso onde os líderes da comunidade se manifestaram sobre o assunto."

Exemplos corrigidos:

"Li o decreto de nomeação do diretor, no qual não há referência à duração do seu mandato."

"Foi nesse curso que os líderes da comunidade se manifestaram sobre o assunto."

"AONDE" SE USA PARA INDICAR O LUGAR PARA O QUAL ALGUÉM OU ALGUMA COISA SE DESLOCA

Deve ser usado para indicar um lugar ao qual alguém ou algo foi, vai, irá ou está indo. Exemplos de uso correto:

"Não sabemos aonde foi o funcionário."

"Depois de atacar a criança, ninguém soube dizer aonde o cachorro correu para se esconder."

PERCENTAGENS SÃO SUJEITOS OU OBJETOS PLURAIS EM PORTUGUÊS:

A exceção do uso do singular ocorre apenas quando se trata de 1% ou menos.

Exemplos:

"27% dos estudantes desconheceM as leis de trânsito."

"Não constaM da prestação de contas os itens nos quais a diretoria gastou oS 54% do orçamento reservadoS para pagar serviços de terceiros."

CUIDADO COM O USO DE UNIDADES DE MEDIDA

Ao longo de um mesmo texto, longo ou curto, a autora só deve usar uma unidade de medida para cada fenômeno a ser medido — distância, área, temperatura, altitude, peso, volume, tempo etc. Usar unidades diferentes cria confusão. Eis um exemplo real de uso inadequado, constante de um artigo científico inédito:

"Em 2017 o Brasil exportou 170.000 TONELADAS de café para a Europa, mas em 2018 a exportação chegou a 222.000 SACAS."

Toneladas e sacas são unidades diferentes, incomparáveis entre si por falta de informação complementar. Sacas, aliás, sequer é uma unidade oficial de medida. Ficamos sem saber até se a autora quis indicar que o volume exportado cresceu ou caiu de um ano para outro. O certo é usar as mesmas medidas, na mesma sentença, no mesmo texto.

Eis outro exemplo real de uso inadequado de unidades de medida, captado num artigo jornalístico:

"A área atingida pelo incêndio foi de 140 HECTARES, parte considerável da fazenda Y, que tem uma área de 2 KM²."

Hectares e quilômetros quadrados são duas medidas oficiais diferentes de área. São comparáveis entre si, mas a autora dificultou a vida das leitoras de duas maneiras. Primeiro, usou duas unidades diferentes e deixou para as leitoras a tarefa de fazer as contas da comparação. Segundo, dificultou ainda mais ao usar a palavra "hectares" ao invés do símbolo da unidade (ha), já que usou o símbolo km² para indicar quilômetros quadrados.

A passagem permitiria que as leitores percebessem facilmente que o incêndio foi grave para a fazenda se fosse escrita assim:

"A área atingida pelo incêndio foi de 140ha, uma parte considerável da fazenda Y, que tem uma área de 200ha."

Outras particularidades do uso de unidades de medida:

- use apenas os símbolos ou apenas os nomes completos das medidas;
- para registrar **distâncias ou comprimentos**, use apenas **quilômetro** (km), ou apenas **metro** (m), ou apenas **centímetro** (cm), sem alternar entre essas unidades;
- para registrar **temperaturas**, use apenas graus Celsius (°C) ou apenas graus Fahrenheit (°F);
- para registrar **pesos**, use apenas **quilogramas** (kg) ou apenas **toneladas** (t);

e assim por diante.

Cabe acrescentar que esses símbolos de unidades de medida

- devem ser escritos sem um espaço que os separem dos números — 20kg, e não 20 kg;
- não merecem maiúsculas (a não ser temperaturas) — 20kg, e não 20Kg
- não são pluralizados, nem merecem pontos — o certo é 330km (e não 330 km., nem 330 Km., nem 330 kms.).

EVITAR PLEONASMOS

Exemplos clássicos de pleonasmos (ou expressões pleonásticas) são os famosos "subir para cima" e "descer para baixo". No entanto, há muitas outras expressões pleonásticas, algumas mais sutis, outras tão óbvias quanto essas duas. As autoras devem evitar pleonasmos, por três motivos:

(i) eles configuram erros;

(ii) eles aumentam desnecessariamente o número de palavras usadas; e

(iii) eles diluem a atenção das leitoras atentas e as afastam do conteúdo do texto.

Além disso, pleonasmos mostram que as autoras não confiam nas palavras que usam e por isso tentam reforçá-las acrescentando palavras supérfluas ou redundantes, geralmente adjetivos ou advérbios dispensáveis. Por exemplo: "surpresa inesperada" – existe alguma surpresa esperada? Ou "planejamento prévio" – existe planejamento que não seja prévio? Ou "organização social coletiva" – existem organizações sociais individuais? Algumas expressões pleonásticas acabam se consagrando na escrita, porque antes criaram raízes orais e aparecem como falas igualmente pleonásticas usadas no dia a dia, inclusive na mídia. O mais bem sucedido pleonasmo "falado" dos últimos tempos é o "e também", que tem presença garantida na vasta maioria das falas de repórteres, comentaristas, âncoras e entrevistadas. Evite cair nessas armadilhas, tanto na escrita quanto na fala. Há pleonasmos que causam impaciência e irritação nas leitoras; outros motivam sorrisos críticos. Autoras devem evitar causar esses barulhos nos cérebros das suas leitoras.

A primeira coluna do quadro a seguir contém algumas expressões pleonásticas (evitei usar aspas, mas garanto que retirei **todas** de textos inéditos que li). Veja como são barulhentas, como incham o texto com palavras supérfluas e como podem ser facilmente substituídas (na segunda coluna acrescentei sugestões de substituição).

expressões pleonásticas	substituições sugeridas
a expansão se amplia	ocorre a expansão
a razão é porque	a razão é/porque
a seu critério pessoal	a seu critério
a experiência vivida	a experiência
a última versão definitiva	a versão definitiva/a última versão
abertura inaugural	abertura/inauguração
acabamento final	acabamento/finalização
agente ativo	agente
agir ativamente	agir
amanhece o dia	amanhece
anexo junto à carta	anexo
ator ativo	ator
atores são importantes para a atuação do movimento	atores são importantes para o movimento
aumento crescente	aumento/crescimento
aumento do incremento	aumento/crescimento
autorização prévia	autorização
cada vez mais crescente	crescente

certeza absoluta	certeza
chuva pluvial	chuva
como já foi mencionado no capítulo anterior	como foi mencionado
comparecer em pessoa	comparecer
concepções do conceito	interpretações do conceito
concordância mútua	concordância
continua a permanecer	permanece
conviver junto	conviver
criação nova	criação
de sua livre escolha	de sua escolha
demasiadamente excessivo	demasiado/excessivo
detalhes minuciosos	detalhes/minúcias
e, além disso, falou também	além disso, falou
e também	e
elo de ligação	elo
em duas metades iguais	em duas metades/em partes iguais
empréstimo temporário	empréstimo
encarar de frente	encarar
escolha deliberada	escolha
escolha opcional	escolha/opção
espécie específica	espécie
exceder em muito	exceder
experiência passada	experiência

DICAS PARA ESCRITORAS DE NÃO FICÇÃO

expressamente proibido	proibido
fato real	fato
fechamento final	fechamento
gritar bem alto	gritar
grupo coletivo	grupo
há anos atrás	há anos/anos atrás
ilha isolada	ilha
imposto imperativo	imposto
juntamente com	com
multidão de pessoas	multidão/muitas pessoas
nos dias 8, 9 e 10 de abril, inclusive	nos dias 8, 9 e 10 de abril
organização coletiva	organização
origem antropogênica	origem antrópica
os atores atuam	os atores intervêm/os atores se manifestam/os atores declaram
outra alternativa	alternativa
participação ativa	participação
planejamento prévio	planejamento
previamente preparado	preparado
propriedade característica	característica
quantia exata	quantia
reativar as atividades da empresa	reativar a empresa
repetir de novo	repetir

resultado final	resultado
retornar de novo	retornar
sintomas indicativos	sintomas
superávit positivo	superávit
surpresa inesperada	surpresa
ter a sensação de sentir	sentir
todos foram unânimes	foram unânimes/houve unanimidade
voltou a repetir as mesmas acusações	repetiu as acusações

A FRAQUEZA DO PODER

Percebo que nos últimos anos o verbo e substantivo "poder" e as suas variantes "poderoso" (adjetivo), "possibilidade" e "potencial" (substantivos), "possível" (advérbio), "empoderar" (verbo) e outras têm estimulado construções que vão muito além dos defeitos apenas risíveis dos pleonasmos e ingressam no campo das expressões capengas e ininteligíveis. Não encontro explicação para esse fenômeno, que me parece recente, mas ele se tornou virulento na comunicação oral e contamina a comunicação escrita. O meu palpite é que as pessoas estão convencidas de que as suas sentenças e expressões ficam mais fortes se usarem variadas versões de "poder". Paradoxalmente, no entanto, quanto mais se usa "poder" e as suas variantes, **menos poderosas ficam as expressões e sentenças**. Curiosamente, o excesso de "poder" enfraquece... Eis exemplos que, apesar da falta de aspas, retirei literalmente de textos que editei e de falas que ouvi; a segunda coluna traz as minhas sugestões para melhoras ou substituição:

DICAS PARA ESCRITORAS DE NÃO FICÇÃO

expressões coletadas	melhoras
pode levar à potencialização	potencializa
pode possibilitar	possibilita
pode potencializar	potencializa/possibilita
pode potencialmente agravar	pode agravar/tem o potencial de agravar
pode ser possível alcançar o potencial	talvez alcance o potencial
pode possivelmente revelar	pode revelar/tem o potencial de revelar/talvez revele
possibilidade de poder explicar	possibilidade de explicar
possibilidades que podem possibilitar	possibilidades
possibilitar o entendimento do problema que possa levar à sua solução	permitir o entendimento do problema e da sua possível solução
possíveis aspectos negativos do fenômeno podem possibilitar a crítica	aspectos negativos do fenômeno talvez possibilitem a crítica
podemos elaborar estratégias para que possamos possibilitar soluções	podemos construir estratégias para chegar a soluções
esta política pode empoderar	esta política talvez empodere
este estudo pode empoderar o potencial de participação do grupo	este estudo talvez empodere a capacidade de participação do grupo
pude perceber o potencial	percebi o potencial
Uma boa coordenação das políticas pode não só resultar no encaminhamento correto de possíveis efeitos negativos da interação de instrumentos, como também potencializar sinergias possíveis entre os instrumentos em discussão.	sem sugestões...

EVITAR *APUDS*

Este item vale mais para textos científicos e acadêmicos nos quais uma autora busca apoiar a sua argumentação em uma outra autora reconhecida, o que é um procedimento normal nesses tipos de textos. Mas o *apud* é diferente: é o nome que se dá à **citação de uma citação** ou **citação indireta**. Isso ocorre quando uma primeira autora (autora 1) cita um trecho de texto de uma segunda autora (autora 2) que a primeira autora 1 não leu diretamente na obra original, mas sim no texto de uma terceira autora (autora 3).

Exemplo fictício: a autora 1 escreve:

"O exercício da cidadania no Brasil sofre porque as autoridades favorecem e dão 'jeitinhos' para as 'pessoas' (parentes, amigos, conhecidos) e são inflexíveis com os 'indivíduos' (desconhecidos, estranhos)" (BARBOSA apud SICRANA, 1999).

Nessa sentença, [Lívia] Barbosa (autora 2) é a autora renomada no assunto; Sicrana (autora 3) apenas leu e citou Barbosa. O mau hábito da autora 1 de usar *apuds* deu o crédito da ideia à autora 3 (mera leitora), e não à Barbosa (autoridade no assunto). O texto da autora 1 terá mais força se ela citar diretamente a autora 2 e renunciar à "ajuda" da autora 3, uma intermediária perfeitamente dispensável:

> **"O exercício da cidadania no Brasil sofre porque as autoridades favorecem e dão 'jeitinhos' para as 'pessoas' (parentes, amigos, conhecidos) e são inflexíveis com os 'indivíduos' (desconhecidos, estranhos)" (BARBOSA, 1991).**

Quando usam frequentemente o *apud*, as autoras permitem que as suas leitoras pensem que elas não buscaram as fontes originais, contentando-se com usar meras comentaristas. Quando as autoras dos textos "*apudados*" são famosas e o trecho citado está facilmente disponível, o uso do *apud* é ainda mais constrangedor, pois sugere simplesmente que as autoras do *apud* tiveram **preguiça** de procurar e citar as autoras de referência. O efeito mais grave da prática sistemática de *apuds* é colocar as leitoras em dúvida — elas ficam livres para suspeitar que as autoras não basearam o texto nas melhores fontes e podem desistir da leitura ou duvidar da sua qualidade.

NÃO TRANSCREVER TEXTOS ALHEIOS SEM CONFERI-LOS CUIDADOSAMENTE

Transcrever trechos bem selecionados de textos de outras autoras no seu próprio texto em geral dá peso ao que você escreve. Mas, se não houver cuidado, esses trechos podem conter erros graves (ou verdadeiras atrocidades), de vários tipos. Se você não apontar esses erros, as suas leitoras os atribuirão a você, e não às autoras transcritas. Não me refiro apenas a questões de conteúdo, o que também é grave, mas sim a problemas de ortografia, pontuação, concordância, acentuação, trechos truncados etc. Há duas maneiras de lidar com essa situação:

(i) você corrige os erros, usando colchetes para assinalar as inserções e os cortes que você fez; e

(ii) usar o advérbio latino resumido *sic*, entre parênteses, para indicar que você percebeu os erros do trecho citado, mas não os corrigiu.[8]

Essa solução pode ser usada também no caso de trechos citados que foram traduzidos de uma língua estrangeira por terceiras e nos quais você encontra — e quer comunicar que percebeu — erros de tradução.

EVITAR A REPETIÇÃO DE TRECHOS

Um sinal claro de que autoras perderam controle sobre o seu texto é a **repetição de trechos**. Essa falha ocorre mais frequentemente em textos longos. Ela pode ser causada tanto por falta de rigor na escrita e na revisão quanto pelo uso desatento das facilidades que os processadores de texto oferecem para transferir trechos de uma parte para outra: por vezes, as autoras esquecem de apagar o trecho que elas mudaram de lugar e outras vezes elas inserem o mesmo trecho em dois locais diferentes. O efeito mais provável disso é que as leitoras, ao identificarem trechos repetidos, considerem o texto malfinalizado ou mal-editado e desistam dele. É claro que uma boa revisão capta essas repetições, mas às vezes elas driblam a vigilância, e não apenas das autoras.

Há alguns anos eu abandonei a leitura do livro de uma das minhas autoras prediletas quando, já bem adiantado

---

[8] A Wikipédia informa: "O advérbio latino *sic* (por extenso: *sic erat scriptum*), expressão traduzida como 'assim estava escrito', é uma marcação feita em uma citação que foi transcrita exatamente como encontrada no texto de origem para indicar que, na transcrição, foi encontrado um termo ou expressão com algum erro gramatical ou ortográfico, bem como usos arcaicos de linguagem, raciocínio lógico falho ou qualquer outro problema que poderia ser considerado erro de quem transcreveu.". Disponível em: https://pt.wikipedia.org/wiki/Sic. Acesso em: 19 jun. 2023.

na leitura, descobri que havia mais de 50 páginas contínuas integralmente repetidas. Culpa da autora, da revisora ou da editora? Não consegui saber como leitor, mas soube pela imprensa que esse erro crasso foi cometido na gráfica ou na editora e só foi percebido por leitoras quando o livro chegou nas livrarias. A editora prometeu recolher e reembolsar os compradores dos exemplares defeituosos e produzir uma nova edição. Antes mesmo de ouvir esse esclarecimento, porém, desconfiei que o erro contaminou o restante do livro e simplesmente desisti da leitura — ou seja, a minha autora de cabeceira perdeu (temporariamente) um leitor. Vi também o caso em que uma autora amiga (ou a sua revisora? Ou a sua gráfica?) inseriu o mesmo mapa e o mesmo texto de análise desse mapa em dois capítulos distintos do mesmo livro. O mapa era muito bom e análise era melhor ainda, mas... desconfiei da integridade do texto. Parei de ler o livro e avisei a autora sobre essa falha. Não sei se a falha foi corrigida e se o livro foi reimpresso, mas é improvável que isso tenha acontecido.

TRANSCRIÇÃO DE ENTREVISTAS

Uma questão polêmica entre escritoras acadêmicas das ciências humanas e sociais e jornalistas investigativas é o modo de aproveitar ou transcrever as falas de suas entrevistadas. Como muitos textos hoje em dia usam entrevistas e depoimentos orais de atores e informantes como matéria-prima, a maneira de registrá-los é um tema relevante para a qualidade da escrita. Antes de mais nada, cabe lembrar que fatos e análises registrados em entrevistas podem muito bem ser aproveitados de forma parafraseada, dispensando a necessidade de usar transcrições *ipsis literis*, entre aspas. No entanto, incluí este item por considerá-lo de interesse para as autoras que preferem usar trechos transcritos *ipsis literis* das falas que registram.

A polêmica mobiliza principalmente antropólogas/sociólogas e jornalistas, de um lado, e "revisoras" (termo genérico), de outro. As primeiras geralmente defendem que as falas sejam transcritas com todos os seus "erros" ("nós vai", "o povo foram"), vícios de fala ("bem..."; "aí então..."; "aí eu peguei, virei e disse"), sons ininteligíveis ("ahnnnn..."), pigarros, exclamações, bocejos, espirros, tosses, gaguejamentos, repetições, gírias locais etc. Essa opção tem o nome de transcrição *verbatim*. As suas defensoras alegam que assim resguardam e respeitam a autenticidade das falas e das circunstâncias nas quais falaram as suas entrevistadas. As "revisoras" discordam: consideram que é preciso "limpar" ou editar as falas das entrevistadas, em nome da clareza, para facilitar o entendimento das leitoras. O nome dessa opção é transcrição "*standard*". Previsivelmente, eu concordo com as "revisoras". Muitos textos que usam intensivamente entrevistas orais são de difícil entendimento para as leitoras quando as autoras transcrevem as falas sem retoques — de um modo que eu chamo "cru".[9]

---

[9] Eu me convenci sobre o acerto dessa minha posição quando, há alguns anos, li uma dissertação já defendida que contém a transcrição "crua" de longos trechos de uma entrevista que a autora fez comigo. No dia da entrevista, eu infelizmente me expressei muito mal — respostas incompletas, incoerências, longos intervalos de silêncio, repetições e interjeições. Ao ler, meses depois, a transcrição "crua" que ela publicou, nada entendi do que eu mesmo falei! Fiquei envergonhado por ter falado defeituosamente, pois a autora preparou e aplicou bem a entrevista e o tema da dissertação era do meu interesse. Pior do que isso: duvido que as leitoras da dissertação tenham entendido a minha fala. Nesse caso, a autora não ajudou as suas leitoras, pois transcreveu literalmente a minha fala defeituosa. Não senti que ela me "respeitou" como seu informante por transcrever literalmente as minhas falas desconexas. Não estou dizendo que ela errou na transcrição, nem que ela me "desrespeitou" — fiquei com pena das leitoras e temi que a minha fala tivesse prejudicado a dissertação (muito boa, por sinal).

DICAS PARA ESCRITORAS DE NÃO FICÇÃO

Nos casos em que o objetivo da pesquisa ou reportagem é precisamente mostrar **o modo de falar das entrevistadas**, é claro que penso de maneira diferente: as autoras estão **certas** ao não rever as falas, mesmo que não façam isso por respeito, e sim por coerência técnica com o seu objetivo. No entanto, preocupo-me com as autoras que se interessam pelos **conteúdos** das falas das entrevistadas e que usam esses conteúdos como matéria-prima para fundamentar os argumentos e resultados de suas pesquisas. Entendo que essas autoras correm o risco de perder o precioso tempo que dedicam às entrevistas. A comunicação daquilo que as autoras têm a dizer com base em sua pesquisa fica prejudicada por um alegado respeito ao modo de falar das entrevistadas. Autoras não podem esperar que as suas leitoras entendam com facilidade falas transcritas de modo cru. Em princípio, as leitoras de um texto baseado em entrevistas querem saber o que as entrevistadas disseram e o que as autoras concluíram; raramente estarão interessadas na fidelidade das transcrições. Os altos custos da opção pela fidelidade ficam mais claros quando levamos em conta que as autoras gastaram dias e horas preparando, marcando e realizando entrevistas, transcrevendo fielmente as falas e selecionando os trechos a serem aproveitados — para no fim das contas produzir um texto de difícil entendimento pelas leitoras. Tudo isso vale também para o aproveitamento das falas de entrevistadas que não sejam pessoas que "falam errado". Altas funcionárias de empresas, de ONGs e de órgãos de governo frequentemente se expressam por meio de jargões institucionais que só elas entendem. Esses jargões muitas vezes servem mais para ocultar do que para esclarecer e por isso a sua transcrição literal não será necessariamente interessante para as autoras e informativo para as leitoras.

EVITAR USAR MAIÚSCULAS ERRADAS

É cada vez mais comum que autoras usem maiúsculas de forma errada em muitas palavras e expressões. Sou ortodoxo: maiúsculas só devem ser usadas em **nomes próprios**. Eu atribuo esse hábito a uma tentativa (consciente ou não) de atribuir importância aos assuntos/grupos sociais/conceitos/teorias dos quais elas tratam. Nesse sentido, essas maiúsculas são promocionais. Nomes de disciplinas científicas (matemática, sociologia), teorias (seleção natural, marxismo, darwinismo, positivismo, freudianismo) e conceitos (classe social, cidadania, burocracia, políticas públicas, alienação), entre muitos outros exemplos, não merecem maiúsculas. No entanto, nos anos recentes pesquisadoras, escritoras, políticas, gestoras e jornalistas têm inundado os seus textos com palavras e expressões erradamente grafadas com maiúsculas. Eis alguns poucos exemplos encontrados nos textos que li:

Agricultura Familiar

Agronegócio

Arranjos Produtivos Locais

Biodiversidade

Cadeias Produtivas

Capitalismo

Comércio Justo

Desenvolvimento Sustentável

Extinção de Espécies

Gases de Efeito Estufa

Manejo Agroflorestal

Manejo de Resíduos Sólidos

Mobilidade Urbana

Modelo de Negócios

Mudanças Climáticas

Pagamento por Serviços Ambientais

Políticas Públicas

Populações Tradicionais

Povos Indígenas

Reforma Agrária

Resíduos Sólidos Urbanos

Saneamento Básico

Segurança Alimentar

Sustentabilidade

Turismo de Base Comunitária

Unidades de Conservação

etc.

EVITAR USOS ERRADOS DE "TAMBÉM"

O uso do advérbio "também" dá ensejo a numerosos erros e imprecisões, tanto na escrita quanto na fala. Eis um exemplo comum, em que o problema reside no posicionamento da palavra na sentença:

"A prefeita TAMBÉM declarou que a situação é grave."

Isso não quer dizer a mesma coisa que:

"A prefeita declarou TAMBÉM que a situação é grave."

No primeiro caso, a declaração da prefeita se soma a declarações de outras pessoas sobre a gravidade da situação; no segundo caso, a prefeita fez uma ou mais declarações antes de dizer que a situação é grave.

Outro erro cada vez mais comum ocorre quando "também" é simplesmente repetitivo e, portanto, dispensável. Exemplo:

"Além de chegar atrasada ao evento, Fulana TAMBÉM esqueceu de trazer o seu laptop."

Se retirarmos esse "também" da sentença, ela fica mais enxuta e diz exatamente a mesma coisa. Se uma autora quer ser precisa, portanto, deve usar "também" com cuidado nos seus textos.

USAR OU NÃO USAR SUBTÍTULOS?

É recomendável, especialmente em textos mais longos, que as autoras usem subtítulos — por vezes chamados de entretítulos — que abram novas seções e ajudem a guiar a atenção das leitoras. Comuns em matérias jornalísticas, os subtítulos são muitas vezes vetados em livros, ensaios e revistas científicas. Outras revistas admitem apenas subtítulos obrigatórios — como "introdução", "métodos", "resultados", "discussão" etc. Eu recomendo o uso de subtítulos, especialmente em textos longos (livros, teses). Quando não houver veto, portanto, penso que inserir bons subtítulos nos locais apropriados propicia às leitoras generosos momentos de "respiração" e de ajuste para continuar a navegar fluentemente pelo texto.

TRADUÇÕES E SEUS PERCALÇOS

A internacionalização de alguns temas e de muitas linhas de pesquisa científica e as pressões por publicar em revistas, jornais, *blogs* e editoras internacionais levam cientistas, pesquisadores, jornalistas e gestores a sucumbir à tentação — ou à necessidade — de traduzir os seus textos escritos originalmente em português. As línguas mais cotadas para isso são o inglês, o francês e o espanhol (não esquecer o ascendente mandarim...). Mas a tradução de textos científicos ou não científicos não é tarefa fácil, nem imediata. Ela tem várias etapas e as dificuldades se acumulam como juros compostos:

(i)   a não ser que a autora ou uma das coautoras seja uma **falante nativa** (em inglês, *native speaker*) da língua estrangeira, será necessário contratar uma tradutora; no caso de haver uma falante nativa entre as autoras, talvez valha a pena que ela escreva o texto diretamente na língua desejada;

(ii)   uma tradução só pode ser feita quando o texto a ser traduzido estiver integralmente **concluído**, uma obviedade que muitas autoras ignoram; elas erram quando enviam às tradutoras contratadas sucessivas versões dos seus textos ou substituem trechos da versão original por outros que exigem nova tradução; esses comportamentos garantem que haverá atraso e/ou má qualidade da tradução e/ou a desistência da tradutora;

(iii) rever uma tradução incompleta, "amadora" ou malfeita pela própria autora dá muito mais trabalho para uma boa tradutora do que "começar do zero" e trabalhar com o texto na língua portuguesa; por isso, a tradutora em princípio não fará a revisão da tradução amadora ou cobrará mais para fazê-la;

(iv) não é fácil encontrar tradutoras competentes, confiáveis, disponíveis e pontuais; não deixe para procurar uma tradutora à última hora;

(v) tradutoras competentes cobram pelo seu trabalho e quase sempre cobram caro; por isso, a autora precisa providenciar os recursos para pagar pela tradução desde muito antes de o texto original ficar pronto e ser enviado à tradutora;

(vi) uma tradução de um texto de tamanho médio ou longo não pode ser bem feita dentro de um prazo apertado de alguns dias ou algumas poucas semanas, mesmo que a autora esteja pressionada por um prazo inflexível; deixar a tradução para a última hora ou apressar a tradutora (o que dá no mesmo) é fórmula certa para obter uma tradução defeituosa;

(vii) nem pense em usar tradutores eletrônicos automáticos, como Google Translator e dezenas de outros atualmente disponíveis. Mesmo com as substanciais melhoras desses instrumentos, usá-los sem cuidado é quase uma garantia de obter uma tradução defeituosa e de ganhar má reputação como autora.[10]

---

[10] Durante oito anos, fui coeditor de uma revista científica brasileira que tinha pretensões de se internacionalizar por meio da publicação de textos em inglês, francês e espanhol. Os numerosos textos que recebíamos de pesquisadores brasileiros para avaliação, quando submetidos em inglês (língua que conheço bem), eram nada menos do que desastrosos, pois usavam Google Translator ou similares. As péssimas traduções destruíam qualquer conteúdo de boa qualidade. Colegas na editoria da revista pensavam o mesmo de textos apresentados em francês e espanhol com ajuda do Google Translator e similares. Foram tantos os textos prejudicados que nós, os editores da revista, paramos de avaliá-los e publicamos na revista um aviso sobre isso. Nos últimos anos, ouço dizer que o Google Translator e outros recursos de tradução eletrônica melhoraram, mas eu ainda não confio neles.

No fim das contas, depois de vencer todas essas etapas, as editoras de uma revista que exija textos escritos numa determinada língua poderão rejeitar o texto traduzido porque o consideram mal-escrito naquela língua (ou seja, maltraduzido...). Geralmente elas não dão detalhes sobre como chegaram a esse veredito. É frustrante. Só resta rever a tradução, mas quem fará isso?

PUBLICAR EM OUTRA LÍNGUA (complemento do item anterior)

Rigorosamente esse item não se enquadra numa seção dedicada à escrita, pois tem implicações diferentes. Mas ele pode orientar principalmente quem queira (ou tenha que) publicar em boas revistas científicas — inclusive brasileiras — que cada vez mais adotam a prática de publicar apenas textos em línguas que não o português. Em termos globais, até que o português é uma língua bem disseminada e praticada — estimativas de autoridades no assunto afirmam que ele fica entre a sétima e a décima língua mais falada no mundo. Ele fica abaixo do espanhol e muito abaixo do mandarim e do inglês. Em busca de alcançar públicos maiores, escritoras brasileiras buscam escrever usando uma dessas línguas mais faladas. Isso está se disseminando na cultura de publicações de cientistas e acadêmicas, que desejam ver os seus resultados de pesquisa lidos por números maiores de pessoas. Não vou entrar nas agudas polêmicas que cercam essa tendência, mas apenas alertar sobre alguns pontos, principalmente para autores de livros e artigos científicos:

- se você quer publicar o seu artigo ou livro em português, ainda há muitas revistas e editoras disponíveis; é preciso identificá-las;

- se você quer publicar em uma outra língua de sua preferência, precisa identificar as revistas e editoras que adotam essa língua;

- há algumas revistas brasileiras que aceitam avaliar artigos em português, mas elas só publicam os textos aceitos numa outra língua; e a tradução fica por conta das autoras.

"TRECHO DE TESE NÃO É ARTIGO"

Este é outro item que interessa mais a jovens cientistas e acadêmicas. Existe atualmente no mundo universitário brasileiro uma forte pressão para a publicação de artigos em revistas científicas. Um erro comum cometido por jovens cientistas que pretendem transformar as suas dissertações, teses ou relatórios de pesquisa em artigos é recortar um capítulo ou trechos diversos, montar um texto novo, criar outro título e... submeter o novo texto a uma revista. Isso simplesmente não funciona. Por melhor que seja a tese ou dissertação, a autora precisa fazer muito mais do que isso para construir um texto candidato a ser artigo publicado em uma revista científica. Eis uma lista incompleta do que precisa ser feito (o texto citado na nota 1 oferece mais detalhes sobre essa transformação textual):

(i) identificar revistas da sua área e consultar os seus sites de informação e de submissão (todas as boas revistas hoje tem sites na Internet);

(ii) verificar as muitas exigências das revistas — tamanho máximo do texto (geralmente medido pelo número máximo de palavras); tipos de textos que podem ser submetidos; língua(s) aceita(s) ou exigida(s); formatação (*softwares*, tamanhos e tipos de fontes); estrutura recomendada ou exigida (introdução, revisão da literatura, contexto teórico e conceitual, método, conclusão, lista de referências etc.);

(iii) identificar trecho ou trechos das suas teses ou dissertações que se encaixem nas exigências das revistas;

(iv) criar um novo arquivo em que esses trechos vão ser reescritos, reformatados e revistos para cumprir as exigências de um artigo;

(v) criar título, resumo, palavras-chave e organizar referências bibliográficas;

(vi) cumprir demais exigências da revista (fazer login e senha, informar dados pessoais e profissionais, recomendar avaliadores, escrever carta de auto-apresentação ao editor etc.);

(vii) submeter.

Em muitos casos, transformar um trecho de tese ou dissertação em artigo dá quase tanto trabalho quanto escrever a tese ou dissertação...

II

ARGUMENTAÇÃO

Dou o nome de **argumentação** às partes de textos em que as autoras

(i)   expõem e fundamentam as suas ideias e objetivos, e/ou

(ii) explicam porque o seu tema e a sua pesquisa são relevantes, e/ou

(iii) sustentam que a sua descrição e a sua análise estão corretas e fundamentadas, e/ou

(iv) fazem inferências que evoluem para resultados ou conclusões.

Pode parecer que esses quatro itens cobrem quase tudo que um texto deve conter, mas bons textos de não ficção precisam ter outras partes ou seções: introduções, descrições, revisões de teorias e autores pertinentes, definições de conceitos, contextualização, explicações sobre metodologia, descrições do trabalho de pesquisa e/ou de trabalho de campo etc. Enfim, argumentações aparecem naqueles trechos de texto em que as autoras são as protagonistas. Argumentos são o coração de um texto. Por isso, eles precisam ser bem escritos e bem colocados.

SUGESTÕES

NÃO TRANSFORME PREMISSAS, PRESSUPOSTOS OU POSTULADOS EM RESULTADOS OU CONCLUSÕES DE SEU TEXTO

Este item vale principalmente — mas não exclusivamente — para pesquisadoras científicas. Ele trata de um grave defeito de natureza metodológica que infelizmente afeta muitos textos do gênero científico. Ele ocorre tipicamente em trabalhos das ciências humanas e sociais cujas autoras não foram treinadas no método científico ou se recusam a seguir esse método, mas pode aparecer também em ensaios, textos de opinião e relatórios. Quando autoras repetem, mesmo sem intenção, premissas, pressupostos e postulados (geralmente expostos no início do texto) na seção em que anunciam os supostos resultados/conclusões de sua pesquisa ou relatório, incorrem numa falácia metodológica, facilmente percebida por leitoras atentas. Essa prática dá ao texto um indesejado caráter "circular" — ou seja, o texto dá uma "pirueta" e volta ao seu início. As autoras acabam "constatando" apenas aquilo que sabiam/pensavam **antes** de iniciar a sua pesquisa. Elas não colocam/exploram dúvidas sobre o que já sabiam/pensavam, não fazem perguntas que "coloquem em perigo" o que sabiam/pensavam, nem chegam a respostas novas às suas perguntas — se é que fazem perguntas e buscam respostas. Textos construídos assim não comprovam o que afirmam que vão comprovar — apenas repisam o que colocaram como sabido. Isso não é um pecado quando se trata de textos de opinião — aliás, manifestar opinião quase sempre exige esse tipo de circularidade. Mas é uma falha grave em outros tipos de textos. A situação fica ainda pior quando esses textos "concluem" definindo aquilo que se propunham a provar na forma de uma hipótese a ser explorada num trabalho futuro, a ser escrito por autoras incertas, em ocasião indefinida. Um texto de não ficção — a não ser um texto rigorosamente teórico ou metodológico — cujo resultado é apenas uma hipótese fica correndo em círculos. Eu chamo esses textos de "gatinhos correndo atrás dos seus próprios rabos" e paro de ler assim que percebo essa falácia.

NÃO ANUNCIE O OBJETIVO DO SEU TEXTO DE MANEIRA "NEGATIVA"

É relativamente comum encontrar logo no primeiro ou segundo parágrafo de um texto uma **declaração negativa de objetivo**. Exemplos: (i) "O objetivo deste texto **não é**..."; ou (ii) "**Não** pretendemos neste texto...". O certo é ser **afirmativo** e dizer o mais cedo possível algo como: "O objetivo deste texto **é**..." ou "**Pretendemos** neste texto...". Informe mais tarde qual **não** é o objetivo do texto, mas apenas se isso for necessário — na maioria das vezes não é. Como regra geral, autoras de textos de não ficção devem gastar pouco ou nenhum espaço escrevendo sobre o que não vão fazer e o que não fizeram.

RESPONDA ÀS PERGUNTAS CUJAS RESPOSTAS VOCÊ DEFINIU COMO OBJETIVOS DO TEXTO

Por vezes, autoras decidem pautar ou desdobrar o objetivo dos seus textos propondo **perguntas ou questões a serem respondidas**. Essa é uma boa prática, porque ajuda a organizar e dar fluência aos textos e ajuda as leitoras a navegar neles. No entanto, essa opção obriga as autoras a dar respostas específicas a todas essas perguntas, para não frustrar as leitoras cativadas por elas.

O ideal é que as autoras insiram na sua conclusão um trecho no qual relembrem as perguntas e apresentem ou reapresentem todas as suas respostas.

NÃO AFIRME QUE UM PONTO FOI EXPLICADO/ ANALISADO "ANTES" SE VOCÊ NÃO FEZ ISSO

Para poupar tempo e palavras, é comum que as autoras, já em partes adiantadas dos seus textos, escrevam que "explicaram" ou "analisaram" a questão X em uma passagem anterior. É preciso ter cuidado ao afirmar isso — muitas vezes as autoras apenas mencionaram aquela questão, de passagem. Uma simples menção não explica, nem analisa. Essa falha tem o efeito possível de fazer as leitoras atentas criarem má vontade em relação aos textos.

EVITE USAR O *STRAWMAN ARGUMENT*

Literalmente, a expressão "*strawman argument*" quer dizer "argumentação do tipo espantalho". Pelo que descobri, a expressão é da língua inglesa da Inglaterra.[11] Editoras exigentes e leitoras (muito) críticas usam essa expressão esquisita de forma nada elogiosa e geralmente sem maiores explicações.[12] Ela aponta uma falha que

---

[11] Às vezes, usa-se a expressão *strawman fallacy argument* ("argumento falacioso do espantalho")

[12] No início dos anos 1990, recebi uma avaliação negativa de um texto submetido a uma revista científica inglesa. A avaliadora, entre outras coisas, afirmou que eu tinha usado um "*strawman argument*", sem dar detalhes. Eu nunca ouvira a expressão; nenhum colega meu a conhecia. Na era pré-Internet, acabei gastando um bom tempo até encontrar um curto verbete sobre a expressão em uma enciclopédia (impressa!) de língua inglesa. Entendi o significado, mas mesmo assim não identifiquei em que parte do meu texto eu tinha cometido o "pecado". Anos depois, ao cursar uma oficina de escrita nos EUA, confirmei o significado da expressão, vi que ela é de uso corrente entre editores de textos de língua inglesa e é regularmente ensinada a todas as jovens autoras que queiram publicar textos científicos.

ocorre tipicamente nas seções em que as autoras discutem criticamente os textos de outras autoras, refutando um conceito, uma teoria ou uma linha de pesquisa de que elas discordam. A falha acontece se e quando as autoras expõem — intencionalmente ou não — as ideias alheias de forma, digamos, simplista ou esquemática, de uma maneira que facilite a sua "demolição". Às vezes, a falha se revela mais grave: as autoras, ao invés de refutar o conceito X, conforme prometeram, refutam o conceito Z, que não faz parte necessariamente dos argumentos das autoras criticadas. De qualquer maneira, o nome da expressão se justifica, pois um "espantalho" é uma construção mambembe, feita sem capricho, usando roupas e chapéus velhos pendurados numa armação cambaleante, fácil de montar e fácil de desmontar. As autoras, para evitar esse tipo de crítica, precisam apresentar fielmente as ideias alheias que criticam e das quais discordam. Só assim as suas críticas serão robustas. Moral da história: para sermos sólidos nas nossas críticas, precisamos dar um retrato fiel daquilo que criticamos.

NÃO AFIRME QUE "X É SABIDO", OU QUE "EXISTE CONSENSO EM TORNO DE Y", OU QUE "Z É DO CONHECIMENTO GERAL" ETC., SEM APRESENTAR FUNDAMENTAÇÃO.

Essa prática gera a suspeita de que as autoras não leram suficientemente sobre o assunto ou não acham importante mencionar os textos ou autoras lidos que expressariam esse alegado consenso. Isso é ruim em qualquer parte do texto, mas fica pior quando as autoras usam uma dessas expressões logo nas primeiras linhas, a título de contextualização. Muitas vezes, infelizmente, as autoras estão dando apenas uma opinião sem maior fundamentação. Ao evitar o trabalho de fundamentar essas afirmações, as autoras permitem que as leitoras atentas percebam o artifício e criem má vontade em relação ao texto.

NÃO AFIRME QUE EXISTE UM DEBATE OU UMA CONTROVÉRSIA SOBRE O ASSUNTO Y, SEM IDENTIFICAR QUAIS AUTORAS DISCORDAM DE QUAIS OUTRAS AUTORAS

Esse tipo de afirmação é parente próxima daquela de que tratei no item anterior. Comumente aparece também em introduções. Autoras, não sejam vagas: identifiquem as debatedoras que se engajam nas tais controvérsias, pois sem isso a afirmação cai no vazio e tende a alienar as leitoras.

NÃO DILUA AS DIFERENÇAS ENTRE AUTORAS QUE DISCORDAM ENTRE SI

Esse é outro problema que pode aparecer quando autoras revisam as posições de outras estudiosas sobre um tema. Quando as autoras são novatas ou têm um estilo prudente, ao resumirem as posições de duas outras estudiosas que divergem entre si, elas podem acabar concordando com as duas, sem identificar as discordâncias entre elas. Dessa forma, ficam apagadas, involuntariamente ou não, as divergências alegadas. Leitoras atentas ficam desconcertadas com isso. É salutar e frequentemente necessário que autoras revisem os pontos sobre os quais outras autoras polemizam ou discordam entre si, mas é preciso cuidado para não borrar as diferenças entre elas. Isso não apenas confunde as leitoras — pode levá-la a duvidar da capacidade das autoras de assumir uma posição sobre questões polêmicas.

IDENTIFIQUE SEMPRE COM QUEM VOCÊ ESTÁ FALANDO NO SEU TEXTO

O problema de falta de identificação da autora ou das autoras com quem você está dialogando é outra ocorrência comum em trechos ou seções em que o você expõe o que elas têm a dizer sobre o assunto estudado. Por mais que você concorde com elas, precisa deixar claro quando as palavras e as ideias são suas e quando são das autoras de referência. Isso vale quando você discorda das autoras – deixe claro com quem você está dialogando. As suas leitoras têm que saber exatamente quando você fala e quando falam as autoras citadas.

EVITE AFIRMAR ALGO USANDO NEGATIVOS

Negativos são frequentemente mal-usados para afirmar algo. Essas construções tendem a confundir, e muito, especialmente quando uma mesma sentença contém dois ou mais "nãos".

Eis exemplos retirados de textos que eu li:

"NÃO há dúvida de que Beltrana NÃO plagiou a obra de Sicrana."

Isso fica mais claro assim:

"É evidente que Beltrana NÃO plagiou a obra de Sicrana."

Outro exemplo de duplo negativos:

"NÃO se deve supor que NÃO haja outra maneira de completar essa tarefa."

Melhor:

"Deve-se supor que existe outra maneira de completar essa tarefa."

O recurso do duplo negativo é um defeito que obriga a leitora a reler a sentença uma ou duas vezes para conferir se a autora nega ou afirma algo, o que emperra o entendimento e estimula a desistência. Mas, por vezes, basta um único negativo para dificultar o entendimento. Exemplo:

"A Inglaterra NUNCA deixou de se destacar no ranking de medalhas olímpicas."

Melhor:

"A Inglaterra sempre se destacou no ranking de medalhas olímpicas."

Há casos em que as autoras usam **três** "não" para afirmar uma coisa. Eis um exemplo coletado num estudo sobre os impactos sociais do enchimento do lago de uma nova usina hidrelétrica:

"Isso NÃO significa, entretanto, que NÃO houvesse moradores na área afetada pelo lago da barragem e que, com o tempo, eles NÃO tenham sido prejudicados pelo enchimento do lago."

Quantas voltas inúteis os olhos das leitoras têm que dar para entender algo que a autora poderia ter escrito de forma amigável e sem negativos:

"Havia moradores na área afetada pelo lago da barragem e o enchimento do lago os prejudicou."

Eis outro exemplo de uso de três negativos que não negam, retirado de um estudo sobre desastres naturais envolvendo chuvas:

"NÃO é porque a precipitação NÃO é expressiva que enchentes causadas pela chuva NÃO irão ocorrer."

Melhor e sem negativos:

"Podem ocorrer enchentes mesmo quando chove pouco."

Eis outro exemplo da confusão gerada pelo uso de três negativos, em um texto que trata dos custos de monitoramento da pesca marítima:

"Os ganhos obtidos com o monitoramento da pesca serão baixos para cada membro da colônia de pescadores e por isso as perdas causadas pela decisão de NÃO monitorar também serão baixas, ou seja, as perdas NÃO serão suficientemente altas para fazer com que os pescadores decidam NÃO arcar com os custos do monitoramento."

Não sei como escrever isso de forma clara, pois não entendo o que a autora quis dizer.

Em uma declaração publicada e recolhida *ipsis literis* em um artigo de jornal, eis mais uma sentença com três negativos que talvez afirme alguma coisa (o que será?):

"NÃO há NADA que aconteceu entre nós que NÃO possa ser reconciliado."

Isso pode ser mais bem escrito, sem um negativo sequer:

"Podemos nos reconciliar apesar de tudo que aconteceu entre nós."

Encontrei até uma sentença aparentemente afirmativa contendo nada menos do que **quatro** "nãos":

"Na verdade, hoje em dia NÃO seria necessário destacar a importância das ONGs se NÃO tivéssemos passado boa parte da década passada escrevendo livros que NÃO tratavam de assuntos outros que NÃO fossem os partidos políticos."

Deixo para as leitoras destrincharem essa sentença coalhada de nãos e decidirem se ela afirma — ou nega — alguma coisa...

EVITE POLEMIZAR COM OU DISCORDAR DE AUTORES E/OU CONCEITOS NÃO IDENTIFICADOS

Não são raros os textos que começam com afirmações impetuosas como: "É preciso superar a perspectiva Y", ou "Não é mais possível sustentar a abordagem X", ou "O método mais comumente aplicado nesse tipo de estudo é falho", ou "A versão corrente sobre esse desastre industrial precisa ser desmentida" — sem que as autoras identifiquem imediatamente de quem estão discordando e o motivo da discordância. Sem fazer isso, elas se engajam no que eu chamo de uma "briga de foice no escuro", que nada acrescenta à contextualização e às argumentações sobre o tema estudado.

NÃO ACRESCENTE NOVAS PERGUNTAS, HIPÓTESES, ATORES, DADOS, FATOS, OBRAS OU AUTORES NA CONCLUSÃO DE UM TEXTO

Especialmente em textos científicos e ensaios e mesmo em textos de opinião, a conclusão serve, como bem diz o nome, para concluir. Nessa parte do texto, as autoras devem recapitular e ressaltar as constatações feitas; podem também destacar como o texto contribui para conhecer melhor o assunto tratado. Mas as autoras não devem acrescentar numa conclusão novas questões, nem mencionar textos ou autoras ausentes no corpo do texto. No máximo, na conclusão as autoras podem (i) incluir sugestões para novos estudos e pesquisas sobre o assunto tratado e/ou (ii) apontar eventuais limitações do alcance do seu próprio texto.

INDICADORES – USE COM MODERAÇÃO

Este item vale mais — embora não exclusivamente — para pesquisadoras. Trata mais de metodologia do que de argumentação, mas tem implicações para a clareza e a solidez de argumentações que constam de textos científicos, jornalísticos ou de opinião baseados em grandes quantidades de dados/indicadores. O item vale tanto para as autoras que criam e aplicam indicadores quanto para aquelas que aplicam indicadores criados por outras autoras ou por instituições. Cabe lembrar que **indicador** é apenas um outro nome para **variável**. Pesquisadoras experientes têm o cuidado de evitar a inclusão de variáveis em excesso, pois esse excesso pode gerar muito trabalho braçal e tornar os resultados vagos ou difíceis de compreender. No entanto, por causa da grande quantidade de bases dados disponíveis hoje em dia, da facilidade de

DICAS PARA ESCRITORAS DE NÃO FICÇÃO

acesso a eles e da existência de *softwares* sofisticados que estimulam o seu uso, há uma tendência de trabalhar com grandes quantidades de variáveis/indicadores. Muitas autoras se empolgam com isso e por isso decidem executar algum tipo de "análise multivariada" ou "*cluster analysis*", o que é saudável para o estudo de fatos e sistemas complexos.

No entanto, a eficácia analítica/explicativa de um sistema de indicadores se relaciona muito mais fortemente com uma **quantidade mínima de indicadores**, e não com enxurradas de indicadores. Adotar dezenas ou mesmo centenas de indicadores amplia exponencialmente as dificuldades de (i) coletar, organizar e computar os dados que alimentam esses indicadores, (ii) medir as relações existentes entre eles e (iii) extrair significados analíticos (resultados) dos índices gerados pelos indicadores. O exemplo contemporâneo mais claro de uma solução saudavelmente minimalista é o Índice de Desenvolvimento Humano (IDH). Na sua versão original, ele mede a "qualidade de vida" usando apenas três variáveis/indicadores: renda, anos completos de instrução formal e anos de expectativa de vida (longevidade). Em pouco mais de 20 anos, o IDH ganhou aceitação crescente (apesar de inevitáveis críticas e restrições) como índice capaz de medir e comparar entre si situações socioeconômicas diferenciadas e complexas.

É bom lembrar que, para "montar" o IDH, os seus criadores descartaram deliberadamente dezenas de outras variáveis. Fizeram isso por um motivo que os estatísticos conhecem bem — o **fraco grau de correlação existente entre as três variáveis cuidadosamente selecionadas**. No IDH, a variável "anos completos de instrução formal", por exemplo, se correlaciona fortemente e por isso "substitui" muitas outras variáveis sociais, culturais, profissionais etc., mas se correlaciona mais fracamente com a renda e a longevidade. Um estudo sobre a evolução dos custos dos materiais usados na construção civil, em outro exemplo, não precisa incluir os custos de uma multidão de materiais/variáveis — tijolos, cimento, areia, encanamentos, vidros, fechaduras, tomadas, interruptores, bocais, fios, esquadrias, portas, vigas, lajes, ferragens, ladrilhos, pisos e assim por diante. Há formas de verificar, *a priori*, quais dessas variáveis se correlacionam mais fortemente com as demais, que assim poderão ser descartadas em favor do uso apenas das variáveis mais "representativas" do grande pacote de variáveis descartadas. Isso significa que a acumulação de numerosos indicadores não implica necessariamente resultados mais claros ou precisos. Evite, portanto, a síndrome de "*too many variables*" (excesso de variáveis). Tanto para desenhar a sua pesquisa como para chegar a resultados robustos, aposte em **menos** indicadores, e não em mais.

CUIDADO AO USAR PALAVRAS E CONCEITOS QUE EXIGEM COMPLEMENTOS OU ESCLARECIMENTOS

Há numerosas palavras e conceitos que não podem ser simplesmente jogados no texto, sem complementos. Isolados, eles dizem pouco ou nada, mesmo que sejam eloquentes, chamativos, politicamente fortes ou eticamente plenos de significados. Eles deixam lacunas que as leitoras precisam preencher por meio de perguntas mentais, o que obviamente atravanca a leitura e o entendimento, mesmo se elas encontrarem os seus complementos em outros pontos do texto. Eis exemplos dessas palavras e de perguntas que elas suscitam quando escritas isoladamente:

DICAS PARA ESCRITORAS DE NÃO FICÇÃO

- **"aliança"** (de quem com quem?);
- **"apoio"** (de quem a quem?);
- **"articulação"** (de quem com quem?);
- **"compromisso"** (quem se compromete com quem ou com o quê?);
- **"conflito"** (entre quem e quem? Sobre o quê?);
- **"cooperação"** (de quem com quem?);
- **"diferenciação"** (de que em relação a quê?);
- **"divergência"** (entre quem e quem? Sobre o quê?);
- **"emancipação"** (de quem em relação a quem?);
- **"hegemonia"** (de quem sobre quem?);
- **"inclusão"** (de quem em que?);
- **"oposição"** (de quem a quem?);
- **"participação"** (de quem em quê?);
- **"relação"** (entre quem e quem?);
- **"subordinação"** (de quem a quem?);
- **"transição"** (do que para o quê?);

... e outros mais....

NÃO CONFUNDIR DATA COM PERÍODO OU FASE

Muitas vezes as autoras citam uma **data** (ou um ano, ou um mês) que marca o início ou a maior visibilidade de um fenômeno estudado, para pouco depois se referirem a um **período**, sem especificar se esse período começa na data citada e sem precisar quando ele termina. Data e período (ou fase) são coisas diferentes.

NÃO COMPARAR PERCENTAGENS COM NÚMEROS ABSOLUTOS.

Este é um erro comum entre autoras não familiarizadas com métodos quantitativos ou que simplesmente lidam mal com números. Eis um exemplo retirado *ipsis literis* de um artigo científico inédito:

"Constatamos que 30% do gado criado no Brasil usam pastagens naturais, enquanto 57 milhões de cabeças de gado se alimentam em pastos plantados e/ou com rações."

A comparação pretendida não faz sentido — percentagens devem ser comparadas com percentagens; números absolutos devem ser comparados com números absolutos.

ADJETIVAÇÃO EXCESSIVA ENFRAQUECE OS SUBSTANTIVOS

Adjetivos formam uma categoria gramatical que é ao mesmo tempo (i) tentadora de usar e (ii) propícia a ser dispensada. Quando autoras acoplam sistematicamente adjetivos aos seus substantivos, elas confessam sutilmente que não confiam nos substantivos que usam. Ou então elas sucumbem ao colorido, à poesia, ao belo, ao barulho e a outros atributos com que os adjetivos enfeitam os substantivos. Algumas autoras de manuais de escrita gostam de transcrever textos coalhados de adjetivos para logo em seguida transcrever o mesmo texto sem grande parte deles. Elas fazem isso para argumentar

DICAS PARA ESCRITORAS DE NÃO FICÇÃO

que os adjetivos frequentemente não fazem falta e que os substantivos podem sobreviver muito bem sem a ajuda deles e dar o recado desejado. O mesmo acontece com advérbios — o seu uso excessivo revela a mesma falta de confiança nos substantivos. As boas escritoras devem confiar nos seus substantivos, pois eles e os verbos são as duas categorias gramaticais mais fortes de palavras, as que mais contribuem para textos claros, bem escritos. Adjetivos e advérbios, apesar de sua capacidade de colorir e enfatizar, são categorias fracas. Devem ser usados com moderação.

No entanto, este item focaliza uma manifestação específica do uso excessivo de adjetivos. Há autoras que pensam que o uso de uma enxurrada de adjetivos para qualificar um único substantivo fortalece esse substantivo e o seu texto. Talvez isso caiba bem em textos de ficção, desde que os adjetivos sejam bem escolhidos. Mas eu penso exatamente o contrário no caso de textos de não ficção: **quanto mais adjetivos as autoras penduram num substantivo, mais fraco fica o substantivo**. As autoras que acrescentam adjetivos em série afogam o substantivo e impedem que ele diga o que tem a dizer. Elas não confiam no substantivo que usam e pensam fortalecê-lo com um rosário de coloridos e barulhentos adjetivos. Eis um exemplo extremo (real, apenas levemente adaptado), colhido em um documento analítico recente publicado pelo movimento de docentes universitários brasileiros sobre o estado da educação no Brasil:

> **"A educação precisa ser interdisciplinar, integradora, individual (mas coletivamente transformadora), contextualizada, interescalar, libertadora, ética, cidadã, transparente, emancipatória, inclusiva e crítica".**

Eis outro exemplo levemente editado de adjetivação excessiva, também referente à educação (no caso, ambiental), retirado de um texto analítico inédito:

> **"A educação ambiental precisa ser um processo dinâmico, integrativo, transformador, participativo, abrangente, includente, globalizador, permanente, interdisciplinar e contextualizador".**

Na minha leitura, nessas duas sentenças a educação acaba entrando em estado de coma, soterrada por intermináveis avalanches de adjetivos.

Eis mais um exemplo, também real e levemente editado, de novo retirado de um documento publicado pelo movimento docente:

"Está na hora de defender a universidade pública, gratuita, plural, aberta, includente, eficiente, efetiva, eficaz, transparente, cidadã, de qualidade e comprometida".

A sofrida universidade morre afogada nesse mar de 13 adjetivos.

ADJETIVAÇÃO USADA PARA ANALISAR PASTEURIZA A ARGUMENTAÇÃO

Um problema correlato ao anterior — embora distinto — ocorre quando as autoras distribuem a esmo adjetivos e/ou advérbios com o objetivo de distinguir os pesos explicativos dos diferentes substantivos (fatos, pessoas, instituições) ou para hierarquizar conclusões. Essa prática geralmente aparece em trechos conclusivos. A diferença em relação ao item anterior é que neste caso cada fator ou variável ganha apenas um adjetivo. Essa adjetivação excessiva é ainda pior, pois, ao invés de enfraquecer apenas uma palavra, ela **enfraquece várias palavras e dilui a argumentação**. Isso ocorre porque os adjetivos não têm para as leitoras necessariamente a mesma hierarquia que têm para as autoras — se é que as autoras usam mesmo os adjetivos com intenção de hierarquizar fatores ou variáveis. Vejam um caso real (levemente adaptado), que aparece nos parágrafos finais da conclusão de um texto em que a autora pretende hierarquizar, por meio de adjetivos, a importância de cada variável explicativa de um fenômeno social complexo, aliás muito bem estudado em mais de 150 páginas:

> **"Entre os fatores estudados para explicar as diferentes capacidades de ação das associações de moradores de pequenas cidades brasileiras, constatamos o seguinte: a qualidade dos líderes é FUNDAMENTAL, a participação das mulheres é IMPORTANTE, a participação dos associados é DETERMINANTE, a conexão com a mídia é ESSENCIAL, o diálogo com vereadores e deputados estaduais é CRUCIAL, a frequência assídua às assembleias é RELEVANTE e a disponibilidade de recursos financeiros é DECISIVA".**

Os adjetivos enchem o parágrafo de palavras impactantes e evocativas, mas não identificam o peso que a autora atribui a cada fator explicativo. A análise, lastreada por uma pesquisa cuidadosa, morreu na praia. Uma lista como essa é tão analítica quanto uma lista de compras de supermercado — podemos comprar os itens em qualquer ordem e até esquecer de comprar alguns. No fim das contas, uma lista abundantemente adjetivada como essa sabota o objetivo de identificar a importância relativa dos fatores. Essa prática geralmente ocorre com escritoras que evitam abordagens quantitativas — porque elas pensam erradamente que a adjetivação farta dá conta de comunicar ao leitor os fatores que têm mais peso na sua análise.

EVITAR MUDANÇAS BRUSCAS DE ASSUNTO

Mudanças bruscas de assunto dificultam a leitura e enfraquecem qualquer parte de um texto — introdução, descrição, conclusão etc. As autoras devem ter um cuidado constante para não deixar inacabado um assunto ou um raciocínio e pular para assunto diferente, mesmo que relacionado ao anterior.

EVITAR O USO AUTOMÁTICO DE PALAVRAS "GASTAS"

Dependendo do contexto e da área de conhecimento, certas palavras fazem o papel de "esparadrapos" genéricos ou de tecido conjuntivo. Pouco mais fazem do que tapar buracos, preencher espaços, enfeitar sentenças ou fazer as sentenças ficarem maiores do que o necessário. Por vezes, atravancam o texto e atrapalham a compreensão. Em alguns casos, elas podem ser inevitáveis, já que estão consagradas pelo uso. A língua tem limites de variações, de renovação e de capacidade de aceitar palavras que substituam adequadamente essas palavras que chamo de "gastas", mas assim mesmo eu sugiro avaliar caso a caso se é preciso mesmo usá-las. Para gastar menos tempo, o melhor momento para uma autora avaliar isso é durante uma revisão, quando o texto já está em fase bem adiantada, e não durante a escrita inicial.

Eis alguns exemplos de palavras (em ordem alfabética) muito usadas na área de estudos socioambientais (a minha área), mas não apenas nessa área. Mesmo sabendo que às vezes é difícil, sugiro usá-las com moderação ou evitá-las:

conflito // conjuntura // crise // decisivo // desafios // determinante // discurso // efetivamente // efetivo // eficaz // eficiente // equilíbrio // essencial // estratégia // estrutura // fundamental // governança // mudança // narrativa // oportunidade // paradigma // processo // questão // representação // transição

... e assim por diante...

EVITAR EXPRESSÕES E SENTENÇAS OBSCURAS, INCOERENTES OU SIMPLESMENTE MAL-ESCRITAS

Fecho este capítulo com uma longa seleção de "pérolas" recolhidas nos textos que editei ou avaliei. Esses casos admitidamente extremos evidentemente causam contratempos para as leitoras, que vão da obrigação de serem lidos mais de uma vez à impossibilidade de serem entendidos. Podem ser simplesmente erros, a serem corrigidos no momento de uma revisão, mas às vezes são mais do que tropeções casuais e facilmente corrigíveis: são mal-escritos, redundantes, circulares, pleonásticos, jargônicos, vagos, impossíveis de entender ou simplesmente absurdos. Não deveriam ter chegado às mãos de um avaliador ou editor, no caso, eu.[13]

---

[13] Atualmente, o esforço de muitas autoras de escrever (i) movidas por um *élan* de correção política e/ou (ii) inibidas pelo medo de ofender ou contrariar alguém também gera expressões e sentenças difíceis de entender.

Revisões cuidadosas identificam e consertam "pérolas" como essas, que mais frequentemente sobrevivem num texto adiantado apenas por causa da... falta de boa revisão, e não necessariamente por defeitos das escritoras. Mas as leitoras, como diz o seu nome, querem ler, e não revisar. As autoras são responsáveis pelas diversas rodadas de revisão. Algumas se acostumam a terceirizar a função de revisar, o que aliás não é uma boa prática para as pessoas que têm que escrever regularmente, pois impede que elas aprendam a melhorar a sua escrita.

Segue uma lista de exemplos de expressões ou sentenças problemáticas com os quais tive que lidar como leitor crítico ou avaliador de centenas de textos inéditos. Estão quase todos transcritos *ipsis literis* ou com acréscimos mínimos Por vezes, acrescentei entre parênteses minhas sugestões de melhoria ou breves comentários; em alguns casos destaquei com maiúsculas as palavras ou os trechos problemáticos.

- **"decadência crescente"** (melhor usar "decadência acelerada")
- **"crescimento decrescente"** (melhor usar "crescimento lento")
- **"ampliação decrescente"** (melhor usar "ampliação lenta")
- **"crescimento ascendente"** (melhor usar apenas "crescimento")
- **"aumento crescente"** (melhor usar apenas "aumento")
- **"escalada crescente"** (melhor usar apenas "escalada")
- **"participação excludente"** (impossível entender...)

- **"teve clara exitosidade"** (melhor usar "foi bem-sucedido")
- **"disponibilidade decrescente"** (melhor usar "escassez")
- **"indisponibilidade crescente"** (melhor usar "escassez")
- **"As fazendas estudadas tinham dimensões pouco diferenciadas."** (melhor usar "as fazendas eram aproximadamente do mesmo tamanho")
- **"As ANÁLISES das correlações entre variáveis serão ANALISADAS no próximo capítulo."** (faltou revisão)
- **"Ocorrem limitações da disponibilidade hídrica."** (melhor: "Não há água suficiente" ou "Há pouca água")
- **"Constatamos a diversidade de singularidades."** (impossível entender...)
- **"Eles praticam a ingestão ritual de carne humana aprisionada."** (maneira politicamente correta de descrever a prática do canibalismo).
- **"Esse método permite constatar a existência de significações existentes."** (impossível entender...)
- **"A modernização provoca mudanças nas transformações sociais."** (impossível entender...)
- **"A NECESSIDADE de refletir sobre a questão é NECESSÁRIA."** (faltou revisão)
- **"Essa prática agrícola AUMENTA O REBAIXAMENTO do lençol freático."** (melhor usar "rebaixa o lençol freático")
- **"O DESENVOLVIMENTO é que DESENVOLVE as boas condições de vida da população."** (impossível entender...)

- **"Os conflitos ambientais estão enraizados nas relações sociais e por isso devem ser estudados por uma sociologia dos conflitos ambientais."** (argumentação circular)

- **"Essa TENTATIVA de ATENTADO TENTOU desmoralizar as forças policiais."** (duplo pleonasmo)

- **"É NECESSÁRIO definir as NECESSIDADES institucionais NECESSÁRIAS para aplicar essa fórmula."** (dupla redundância e falta de revisão)

- **"Este capítulo parte do PRINCÍPIO de que o PRINCÍPIO fundamental das políticas públicas é a resolução dos PRINCIPAIS problemas dos cidadãos."** (falta de revisão)

- **"A CRIAÇÃO DE UNIDADES DE CONSERVAÇÃO tem impacto significativo sobre a CRIAÇÃO DAS UNIDADES DE CONSERVAÇÃO."** (argumentação circular)

- **"Os recursos serão distribuídos de acordo com a DIVERSIDADE dos DIFERENTES programas e projetos."** (pleonasmo)

- **"Há necessidade de garantir a SUSTENTABILIDADE da SUSTENTABILIDADE dos recursos naturais e do modo SUSTENTÁVEL de uso desses recursos praticado pelas populações locais."** (impossível entender)

- **"A RELAÇÃO entre o pagamento de impostos e a qualidade dos serviços públicos é RELATIVIZADA por quase todos os entrevistados."** (falta de revisão)

- **"As ONGs são uma SOLUÇÃO para a SOLUÇÃO dos problemas que os partidos políticos não conseguem RESOLVER."** (impossível entender)

- **"Os produtos da SOCIOBIODIVERSIDADE são muito significativos SOCIOCULTURALMENTE e estão fortemente ancorados na SOCIABILIDADE local."** (impossível entender)

- **"Esses fatores encareciam a atividade industrial e comercial, de forma QUE o QUE se conseguiu foi o QUE de fato foi possível e o QUE foi viável dentro das condições ambientais e socioeconômicas QUE prevalecem na região."** (o excesso de "ques" faz a sentença gaguejar)

- **"Isso causou o ESPALHAMENTO CENTRÍPETA dessa grave doença por todo o gado da região."** (expressão absurda)

- **"Este estudo constatou que os nossos entrevistados participaram deste estudo."** (???)

- **"Para EXEMPLIFICAR esse problema, estudaremos brevemente EXEMPLOS de ações de adaptação às mudanças climáticas."** (sugiro eliminar "exemplos de")

- **As MUDANÇAS nos sistemas de produção levaram a MUDANÇAS nas atividades produtivas."** (argumentação circular)

- **"O estudo de DIVERSAS variáveis etárias presentes na DIVERSIDADE comunitária local realça os padrões DIFERENCIADOS de colaboração entre os DIVERSOS grupos."** (impossível entender)

- **"As cooperativas podem ser a SOLUÇÃO para uma SOLUÇÃO dos problemas de comercialização."** (melhor usar "As cooperativas podem resolver os problemas de comercialização")

- **"Essa abordagem pode auxiliar na RESOLUÇÃO de questões que causam impactos negativos em seus RESULTADOS."** (argumentação circular)

- **"Essas MUDANÇAS SOCIOECONÔMICAS (renda maior, novos empregos, melhores condições de vida) podem ser consideradas fatores explicativos das MUDANÇAS SOCIOECONÔMICAS."** (argumentação circular)

- **"A finalidade central das políticas públicas de estímulo à PRODUÇÃO de biodiesel é estimular a PRODUÇÃO de biodiesel."** (argumentação circular)

- **"A ADAPTAÇÃO às mudanças do clima requer inúmeras ADAPTAÇÕES."** (argumentação circular)

- **"O entendimento dessa situação exige a identificação dos PROCESSOS SOCIAIS que controlam os PROCESSOS SOCIAIS de construção da cidadania."** (argumentação circular)

- **"A ANÁLISE DOS CONFLITOS POLÍTICOS feita neste texto se baseou nos conceitos básicos de ANÁLISE DE CONFLITOS POLÍTICOS propostos por Fulano (2000)."** (argumentação circular)

- **"A DISCUSSÃO dessa questão DISCUTE a possibilidade de ocorrerem fatos imprevisíveis."** (faltou revisão)

- **"O TRANSPORTE desses resíduos TRANSPORTA materiais de alto risco pelas ruas de numerosas áreas urbanas."** (faltou revisão)

- **"O COMPROMISSO voluntário assumido pelas empresas poluidoras de reduzir a sua poluição é um fator motivador para estimular práticas empresariais que busquem CUMPRIR esse COMPROMISSO."** (argumentação circular)

- **"O PROCESSO DA GLOBALIZAÇÃO fica evidente nesse período marcado por PROCESSOS GLOBALIZANTES."** (argumentação circular)

- **"Explicar o FENÔMENO URBANO contemporâneo permite realçar as manifestações explicativas do FENÔMENO URBANO."** (argumentação circular)

- **"O desafio maior é conduzir pesquisas que nos ajudem a PENSAR se essa teoria pode contribuir para PENSAR sobre os núcleos rurais contemporâneos."** (???)

- **"COMPREENDER OS PAPÉIS que cada cooperativa exerce é importante para a COMPREENDER OS PAPÉIS DAS COOPERATIVAS."** (argumentação circular)

- **"A ANÁLISE DAS ESTRATÉGIAS adotadas pelo grupo permite ENTENDER AS ESTRATÉGIAS que ele adota."** (argumentação circular)

- **"Até a EFETIVA IMPLANTAÇÃO DESSA MEDIDA, naturalmente ocorrerão conflitos e divergências quanto à EFETIVIDADE DELA."** (argumentação circular)

- **"Esse CAMPO de estudos se define pelos problemas estudados dentro desse CAMPO."** (argumentação circular)

- **"A abordagem proposta dá ênfase ao estudo dos ASPECTOS SOCIAIS DA SOCIEDADE."** (???)

- **"Para estudar as CIDADES da região, levamos em conta as CARACTERÍSTICAS e os atributos que CARACTERIZAM essas CIDADES."** (argumentação circular)

- **"A sustentabilidade depende da conotação interligada e sistêmica de fenômenos os mais variados possíveis."** (???)

- **"A prevalência dos objetivos definidos pelo PODER público se explica pelo PODER que os governantes têm de PODER pautar a definição dos objetivos."** (argumentação circular)

- **"Essa NOVA perspectiva analítica sobre a propriedade da terra criou NOVOS espaços que estimulam NOVAS discussões sobre NOVAS formas de organizar a propriedade fundiária."** (excesso de novidades...)

- **"Os processos de MUDANÇAS POLÍTICAS, SOCIAIS, ECONÔMICAS E AMBIENTAIS gerados pela reforma agrária em países pobres têm sido dinâmicos, complexos e sensíveis a MUDANÇAS POLÍTICAS, SOCIAIS, ECONÔMICAS E AMBIENTAIS."** (argumentação circular)

- **"Em poucas palavras, os elementos BÁSICOS da ANÁLISE INSTITUCIONAL estão BASEADOS no comportamento dos ATORES INSTITUCIONAIS."** (???)

- **"As variáveis ESTRUTURAIS desse modelo definem as regulações, leis e regras aplicáveis às variáveis de ESTRUTURAÇÃO de arenas de ação política."** (impossível entender)

- **"Esse tipo de VERIFICAÇÃO deve ser feito periodicamente para permitir a VERIFICAÇÃO das impurezas encontradas no sistema de abastecimento de água."** (redundante)

- **"APARENTEMENTE, o método que adotamos para analisar a crise fiscal PARECE ser distinto do método adotado pelos autores citados, apesar das APARENTES similitudes."** (falta de assertividade, excesso de aparências...)

- **"A tomada de posição a favor do candidato X ERGUEU um fosso entre os antigos grupos aliados."** (fossos são cavados, e não erguidos)

- **"Esses dois conceitos são FUNDAMENTAIS para FUNDAMENTAR problematizações específicas."** (circular e vago)

- **"As obras de saneamento básico FUNDAMENTAL em áreas urbanas são FUNDAMENTAIS para a melhoria da qualidade de vida da população."** (circular)

- **"Define-se COMUNIDADE como um pequeno grupo que tem vida em COMUM, mora em lugar COMUM, e tem consciência de formar uma COMUNIDADE."** (circular e multiplamente pleonástico)

- **"A Lei nº. XXXX DELIMITOU os LIMITES da Amazônia Legal."** (redundante)

- **"Essa ESTRATÉGIA é usada para garantir o sucesso das outras ESTRATÉGIAS."** (vago)

- **"Compareci, À uma palestra sobre políticas públicas oferecidaS pela Professora Y, das 12:00hs HÀ 14:00hs."** (numa única sentença de 15 palavras de um simples relatório de atividades, a autora errou quatro vezes: errou a primeira vírgula, errou a crase, errou a concordância de número — "palestra oferecidas" — e confundiu a preposição "a" com o verbo "haver", no qual ainda pendurou um espantoso acento grave).

III
APRESENTAÇÃO

A escrita científica, técnica, profissional ou jornalística dos tempos atuais quase sempre está sujeita a exigências e regras distintas daquelas de natureza ortográfica, gramatical e sintática. Revistas científicas e editoras de livros, por exemplo, informam detalhadamente às autoras as suas exigências e não aceitam avaliar ou publicar textos que não as acatem. Autoras de trabalhos acadêmicos de graduação e pós-graduação são tipicamente obrigadas a adotar regras de formatação bem detalhadas, definidas por programas, coordenações, departamentos, institutos ou universidades. Jornais, *blogs* e *sites* também fazem as suas exigências. Instituições que oferecem apoio financeiro a pesquisas, livros, filmes e outros produtos culturais só aceitam examinar projetos e propostas redigidos de acordo com regras explicadas nos seus editais. Competições que selecionam textos a serem premiados ou publicados (teses, ensaios, reportagens etc.) vão pelo mesmo caminho.

Sim, os tempos atuais não são amigáveis para estilistas libertárias — pelo menos para aquelas que desejam publicar os seus textos. Por outro lado, as escritoras de textos não destinados à publicação (cartas, memórias, romances, poesias, contos, diários e outros gêneros "íntimos") só precisam seguir as regras que elas mesmas venham a criar. São livres para escrever como quiserem.

Apresento a seguir um apanhado de exigências e regras. Selecionei as que são mais comuns, incluindo algumas que não dão muito trabalho e outras que dão muito trabalho.[14]

SUGESTÕES

NÚMERO MÁXIMO DE PALAVRAS/CARACTERES/ LINHAS/PARÁGRAFOS/PÁGINAS

Essa é uma das regras mais comuns. O Word tem uma ferramenta que faz instantaneamente a contagem de palavras, a contagem de páginas etc.

NUMERAÇÃO DE PÁGINAS

Mesmo quando não é exigida, é uma boa prática numerar as páginas de **todos** os tipos de textos (principalmente os mais longos). Isso pode ser feito facilmente com o Word. É igualmente fácil apagar a numeração.

ESPAÇAMENTO ENTRE LINHAS

Os espaçamentos mais comumente exigidos são 1,0, 1,5 e 2,0. O Word tem uma ferramenta que permite definir e redefinir facilmente o espaçamento desejado ou exigido.

---

[14] Autoras novatas de textos científicos e acadêmicos frequentemente se surpreendem quando leem instruções sumárias para escrever e formatar as suas produções de acordo com um "modelo" identificado apenas por um nome ou uma sigla. Exemplos mais comuns: "Chicago" ou "CMS" (*Chicago Manual of Style*), ou "MLA" (*Modern Language Association*), ou "APA" (*American Psychological Association*), ou a brasileira "ABNT" (Associação Brasileira de Normas Técnicas). Esses modelos são detalhadamente explicados nos seus respectivos sites na Internet.

MARGENS DE TEXTOS

Essa exigência é mais rara. O Word tem larguras de margens pré-definidas (*default*), mas elas podem ser modificadas, se a escritora quiser ou se houver exigência.

TIPO E TAMANHO DE FONTES

O Word e outros processadores de textos geralmente incluem enormes coleções de tipos de fontes. O tipo de fontes mais comumente exigido por revistas, jornais, órgãos públicos, instituições de ensino e pesquisa e editoras é o *Times New Roman*, mas *Arial, Tahoma, Garamond, Geneva* e *Helvetica* também comparecem com certa regularidade entre as fontes exigidas. Para escrever textos corridos de quase todos os tipos, os tamanhos de fontes mais comumente exigidos são 10, 11 e 12. Para textos que contenham gráficos, diagramas, tabelas, fotos etc., muitas vezes há a exigência de usar no interior desses componentes fontes e/ou tamanhos diferentes dos usados no texto. Quem tem experiência de escrever usando processadores de textos como o Word sabe que os tipos e tamanhos de fontes podem ser mudados facilmente.

MARGENS DE TEXTOS À DIREITA – TRANSLINEADAS OU JUSTIFICADAS?

Uma instrução relativamente incomum dada às autoras se refere às margens de textos à direita dos originais que elas escrevem. Por vezes, a exigência é que as margens à direita sejam "alinhadas à esquerda" ("margens translineadas"); em outros casos, a exigência é que todo o texto (margens à direita e à esquerda) sejam "margens justificadas". Ver os exemplos a seguir.

Margens "translineadas" – alinhadas à esquerda e quebradas à direita:

"Neste exemplo, eu segui rigorosamente as instruções dadas pela revista que escolhi e formatei o parágrafo fazendo com que as margens à direita sejam "margens translineadas" ou "alinhadas à esquerda", porque se eu não fizesse isso o editor devolveria o meu o texto. O Word permite usar essa opção sem que ocorra a chamada "translineação", fato que acontece quando uma palavra pode ficar dividida entre a linha de cima e a linha de baixo."

Margens "justificadas" – alinhadas à esquerda e à direita:

"Neste outro exemplo, eu segui rigorosamente as instruções que recebi de uma outra revista e formatei o parágrafo fazendo com que as margens à direita e à esquerda sejam "margens justificadas", porque se eu não fizesse isso o editor da revista decidiria devolver o meu o texto. Essa opção do processador de texto Word também evita que que ocorra a chamada "translineação", quando uma mesma palavra fica dividida entre a linha de cima e a linha de baixo."

USO DE ITÁLICOS, NEGRITOS E SUBLINHADOS

As exigências quanto ao uso desses recursos variam muito conforme os tipos de texto, de instituição publicadora e das instruções dadas às autoras. Variam até conforme a língua em que se escreve. No português do Brasil:

(i) os *ITÁLICOS* são quase sempre reservados para palavras de outras línguas que não a portuguesa;

(ii) os **NEGRITOS** são por vezes recomendados para dar destaque a palavras ou trechos;

(iii) os **SUBLINHADOS**, muito usados nos tempos heroicos das máquinas de escrever manuais para destacar palavras ou trechos, parecem estar caindo em desuso. É difícil encontrar hoje em dia regras sobre o seu uso.

Por vezes, as instruções dadas às autoras simplesmente vetam o uso de itálicos, negritos e sublinhados.

TIPOS DE NOTAS

Nos casos de textos que contenham notas (comuns em teses, dissertações, livros, artigos e ensaios), o uso delas é sujeito a regras que variam muito. Algumas regras ditam que as notas devem estar no rodapé do texto (notas de rodapé ou *footnotes*). Em tempos passados, esse tipo de notas era desaconselhado ou vetado, porque na era das esquecidas máquinas de escrever manuais e da linotipia e diagramação igualmente manuais elas davam muito trabalho às autoras e às equipes das editoras e gráficas. Mas agora estamos na era dos processadores de textos e dos *softwares* de diagramação e paginação, que permitem encaixar e reencaixar essas notas com precisão e agilidade.

Outras regras mandam usar "notas de fim do texto" (em inglês elas recebem o nome *endnotes*). Nesse caso, as notas aparecem sequencialmente, às vezes, depois do último parágrafo do texto todo, às vezes, depois do último parágrafo de cada capítulo.

O Word tem uma ferramenta simples que cria os dois tipos de notas e transforma todas as notas de rodapé em notas de fim de texto e vice-versa. Uma vez redigidas as notas, o Word permite mudar os seus pontos de inserção no texto.

As instruções de algumas editoras distinguem dois tipos de notas, com base no seu conteúdo. Pedem que as autoras coloquem as **notas explicativas de conteúdo** no pé da página, mas pedem que elas coloquem as **notas que registram as fontes de informações** no fim do texto. O Word permite usar os dois tipos de notas no mesmo texto, se for exigido ou se for da vontade das autoras.

Depois de tantos detalhes, é preciso acrescentar que não é raro que autoras se deparem com uma regra draconiana que simplesmente veta o uso de quaisquer tipos de notas...

USO DE SUBTÍTULOS

Mencionei subtítulos (ou entretítulos) num item anterior, mas cabem aqui mais algumas palavras sobre regras que exigem ou vetam subtítulos. Para textos de tamanho médio ou longo, pode haver a exigência de dividir o texto em seções e lhes dar subtítulos. Na verdade, mesmo sem essa exigência, as autoras podem planejar o seu texto desde o início da escrita com a previsão de seções dotadas de subtítulos. Na minha visão, seções com bons subtítulos ajudam a organizar a escrita. Se ajudam as autoras, certamente ajudarão as leitoras. Evidentemente os subtítulos devem ser sintéticos e devem refletir os conteúdos das seções correspondentes. Mas, de novo, há regras que simplesmente proíbem o uso de subtítulos.

NUMERAÇÃO DE SEÇÕES

Mesmo quando há permissão ou exigência do uso de seções e subtítulos, nem sempre é permitido colocar números antes de cada subtítulo.

NÚMERO MÁXIMO DE PALAVRAS NOS TÍTULOS

Principalmente no caso de artigos a serem publicados em revistas científicas, jornais e *blogs*, não é raro haver uma regra que limita o número de palavras dos títulos.

RESOLUÇÃO DPI DE FIGURAS

DPI é uma sigla que indica *dots per inch* (pontos por polegada). Para publicar imagens, uma revista, jornal ou site, eletrônicos ou não, pode exigir que os originais que fazem parte do texto estejam reproduzidos ou escaneados com uma determinada "resolução mínima". Nenhuma novata tem obrigação de saber o que é DPI, mas é bom aprender: a resolução de uma imagem é medida pelo número de pontos existentes em cada polegada linear dela (*dots per inch* = DPI). Por exemplo, a resolução 300 DPI tem menos pontos por polegada do que 600 DPI e muito menos do que 1.200 DPI. Essa exigência se liga à busca de nitidez das imagens. Como regra geral, quanto mais pontos por polegada (maior DPI), mais nítida fica a imagem reproduzida. Quase todas as impressoras-escaneadoras atualmente usadas em escritórios ou residências têm uma ferramenta que permite escanear imagens com DPIs variados.

ORTOGRAFIA

Não existe justificativa para repassar textos a quem quer que seja (coautoras, colegas, professoras, alunas e principalmente avaliadoras ou responsáveis pela publicação) contendo erros ortográficos. O Word tem há muitos anos a ferramenta "corretor ortográfico", que é o sonho (que virou realidade) de todas as autoras que queiram escrever corretamente as palavras sem gastar tempo folheando dicionários impressos ou surfando dicionários eletrônicos. A ferramenta hoje funciona para o português do Brasil e para as outras línguas mais praticadas por brasileiros. Mesmo um texto bem escrito e que passou por várias revisões visuais pode conter o pecado de palavras digitadas erradamente. As autoras podem adicionar no Word o "corretor gramatical" ao corretor ortográfico, o que aumenta o poder de produzir um texto limpo. Pelo menos em inglês a ferramenta de revisão do Word inclui avisos preciosos sobre uso excessivo de voz passiva, erros de concordância de número, tempos verbais impróprios, palavras vagas, inadequadas ou inexistentes, pontuação duvidosa etc., além de sugestões para evitar certas palavras ou usar sinônimos etc.

Essa ferramenta do Word funciona para numerosas línguas (inclusive o português do Brasil, o português de Portugal, o espanhol, o francês, e o inglês dos EUA, Reino Unido, Austrália e Canadá). A revisão ortográfica gasta poucos minutos, facilita o trabalho de coautoras, avaliadoras e editoras, aumenta as chances de aceitação/publicação dos textos e em última instância facilita a vida das leitoras. Por outro lado, a falta de revisão ortográfica pode gerar má vontade com o texto entre todas que lidarem com ele. Não esquecer que, além dos corretores e dicionários embutidos no Word, existem dezenas de dicionários eletrônicos gratuitos prontamente disponíveis na Internet.

GRAMÁTICA, PONTUAÇÃO ETC.

Como mencionado, o corretor ortográfico do Word (em português e inglês, ao menos) pode identificar alguns erros de gramática, pontuação e outros. No entanto, no fim das contas, **a autora é responsável por rever "manualmente" todos os aspectos do seu texto**: ortografia, gramática, pontuação, sintaxe, transitividade e intransitividade de verbos, tempos verbais, concordâncias nominais e outras etc., além de numeração de páginas, as formas de citação de fontes e muitos outros aspectos. Alertei desde a introdução que eu não me ocuparia de regras de ortografia, gramática, sintaxe, pontuação etc. Tomei essa decisão porque existem numerosos manuais impressos e na Internet que ensinam essas regras básicas. No entanto, eles não devem ser consultados apenas quando as autoras estão engajadas no ato de escrever — precisam ser estudados à parte. Pelo menos as regras sobre os problemas mais comuns precisam ser memorizadas para evitar erros e consultas excessivas que atrapalhem o fluxo dos atos de escrever e revisar.

FIGURAS: TABELAS, GRÁFICOS, FOTOGRAFIAS, MAPAS ETC.

Este item vale para autoras de textos científicos, mas é útil também para autoras de livros, relatórios e textos mais longos que exigem ilustrações como complementos. Vale a pena tratar com cuidado das **figuras**, nome genérico que adoto para tabelas, quadros, fotos, mapas, gráficos, fluxogramas, croquis, diagramas, desenhos etc. Embora sejam componentes **acessórios**, as autoras podem usá--las para enriquecer textos leves ou "pesados" e facilitar a compreensão deles.

Mas as figuras precisam ser bem usadas. A proliferação de processadores de textos e *softwares* que produzem/reproduzem figuras estimula as autoras a usá-las de forma excessiva ou errada. Antes de mais nada, as autoras devem evitar o erro mais comum no uso de figuras: **supor que elas falem por si mesmas**. Uma forma particularmente ineficaz e frustrante (para as leitoras) de usar figuras é quando as autoras as colocam no fim de seções e capítulos sem lhes acrescentar qualquer análise. Figuras sem análise das autoras frustram as leitoras. Percebo que às vezes as autoras abusam das figuras exatamente para **evitar descrever, argumentar e analisar**, ao invés de usá-las para **ilustrar/enriquecer** descrições, argumentos e análises. Ou seja, as figuras via de regra facilitam o entendimento das leitoras, mas **os textos são sempre mais importantes que as figuras**. Leitoras não têm obrigação de desvendar o conteúdo das figuras colocadas a seco no texto.

ERROS MAIS COMUNS NO USO DE FIGURAS

- inserir figuras sem anunciá-las previamente no texto;
- inserir figuras sem os seus números de identificação;
- inserir figuras sem títulos;
- inserir figuras que não identificam as fontes da informação que elas contêm;
- usar abreviaturas e siglas nos títulos das figuras e dentro delas.

SUGESTÕES PARA O BOM USO DE FIGURAS

- **anunciar as figuras**. As autoras devem anunciar no texto (pelos seus números) **cada uma das figuras antes que elas apareçam**, mencionando sumariamente o seu conteúdo. Exemplo: "A Figura 4, abaixo, contém dados sobre a qualidade do ar na área de estudo". Em seguida ao anúncio, as autoras devem (i) fechar o parágrafo o mais brevemente possível, (ii) inserir a figura anunciada e (iii) abrir o parágrafo seguinte **descrevendo/analisando o conteúdo da figura e explicando o significado analítico dos dados contidos nela**. Ou seja, as autoras devem **usar o texto para "ajudar a figura a dizer o que ela tem para dizer"**. A regra de ouro é: todas as figuras são subordinadas ao texto e por isso elas não falam sozinhas.

- **numerar as figuras**. As autoras devem estabelecer uma **numeração** de figuras. A numeração deve ser **contínua** (1, 2, 3 etc.), do início ao fim, na ordem em que elas aparecem no texto, em algarismos arábicos colocados antes do título da figura. Quando as autoras usam vários tipos de figuras, é aceitável criar numerações distintas para cada tipo. Por exemplo: num mesmo texto pode haver Tabelas 1, 2 e 3, Gráficos 1, 2, 3, 4 e 5, e Fotografias 1 a 7.

- **dar títulos às figuras**. Cada figura tem que ter um **título** (às vezes chamado de legenda), escrito logo em seguida ao seu número. Exemplo: **"Tabela 3 – Dados sobre a qualidade do ar na cidade de Petrópolis, estado do Rio de Janeiro, 1980-2020"**. O título deve ser sintético, mas suficientemente explicativo para que as leitoras não precisem retornar ao texto para compreender o seu conteúdo. Não repita o título da figura dentro da própria figura. Não use siglas e abreviaturas nos títulos ou dentro das figuras. A colocação dos números e dos títulos (legendas) pode variar conforme as regras de cada manual de estilo adotado ou conforme as regras do veículo que vai publicar o texto — eles podem aparecer tanto acima quanto abaixo das figuras.

- **as figuras só devem ter conteúdos que tenham aparecido antes no texto**. As figuras não devem conter, nem nos seus títulos, nem nos seus conteúdos, dados, nomes de pessoas, assuntos, lugares, autores, conceitos etc. **inexistentes** no texto que as antecedem ou que só apareçam mais à frente no texto. **As figuras são acessórias ao texto que as antecede**.

- **discriminar as fontes das figuras**. As fontes das informações contidas nas figuras devem ser claramente identificadas e colocadas nos pés das próprias figuras, e não em notas de pé de página.

- usar sempre **espaçamento 1** nos textos que aparecem dentro das figuras, nos títulos e na indicação das fontes.

CUIDADOS AO USAR QUADROS CONTENDO TEXTOS

Quadros são um tipo de figura. São quadriculadas, contendo colunas e linhas. Eles são parecidos com tabelas, mas cada quadrícula **contém apenas palavras ou mesmo textos corridos**, e não **números**, como as tabelas. Quadros são úteis para sistematizar descrições, argumentações e conclusões, mas as autoras devem ter cuidado para não colocar textos demasiadamente longos nas quadrículas, nem construir quadros com muitas quadrículas. A ciência da bibliometria indica que quadros com textos longos são de entendimento difícil e que muitas pessoas simplesmente pulam a leitura deles. Tal como os demais tipos de figuras, quadros não devem ser usados para substituir o desenvolvimento do texto propriamente dito, nem devem ter conteúdos que não aparecem no texto que os antecedem. Ou seja, se a autora decidir usar quadros, os textos que constam neles devem informar **sinteticamente** o que já tiver sido tratado mais longamente no texto.

USO DE FOTOGRAFIAS DE ENTREVISTADOS

A fotografia é hoje uma arte plenamente democratizada. Todos os tipos de texto podem ser enriquecidos com fotografias tiradas pelas próprias autoras, o que é um ótimo recurso. De toda forma, tal como os demais tipos de figuras, as fotografias são acessórias aos textos e a sua inserção deve seguir as sugestões que dei anteriormente. Além disso, as fotografias devem ter títulos ou legendas bem claros e a sua autoria e data devem ser registradas logo abaixo de cada uma.

Autoras que usam fotografias **para registrar a sua reportagem ou o seu trabalho de campo** e que se comprometem a **resguardar a identidade dos seus entrevistados/informantes** precisam ter cuidado: devem excluir fotografias que registrem rostos, familiares, amigos, locais de moradia e trabalho e até a cidade em que eles moram. Esses componentes obviamente facilitam a sua identificação. Já li textos de acadêmicos e jornalistas em que entrevistados que falaram sob a condição de anonimato aparecem em fotos nas suas casas e nos seus locais de trabalho, acompanhados de parentes, vizinhos ou amigos — a negação do anonimato.

OUTROS CUIDADOS NO USO DAS FIGURAS

Figuras (principalmente tabelas e gráficos) que apresentem dados levantados pela pesquisa das próprias autoras devem conter, além do título ou legenda, a seguinte informação no pé da figura:

Fonte: a autora

Nos casos de figuras que contenham dados levantados por outras autoras, mas que foram retrabalhados pela autora em questão, a seguinte informação deve aparecer no pé da figura:

Fonte: elaboração da autora, a partir de dados de Fulana (2017, p. 34)

Nos casos de fotografias tiradas no decorrer da pesquisa pela autora ou sob responsabilidade dela, cada foto deve ter um título específico e embaixo de cada uma deve ser inserido o item "fonte" seguido das informações da foto: autoria e ano:

Fonte: foto de Fulana da Silva (2013)

Nos casos de fotografias e imagens obtidas em arquivos, jornais, revistas ou disponibilizadas em sites da Internet etc., o nome/título das fontes e/ou do *site* devem aparecer no pé das figuras:

Fonte: Arquivo Público Mineiro. Disponível em: http://www.siaapm.cultura.mg.gov.br/. Acesso em: 7 jul. 2023

IV

BOM USO DO TEMPO

Assim como as leitoras têm pouco tempo para ler e por isso selecionam os textos que querem ou precisam ler, tipicamente as escritoras têm ainda menos tempo para escrever. Quando a escrita resulta de dias e meses de estudos e investigações, o tempo das escritoras fica ainda mais apertado. O tempo gasto nas atividades anteriores à escrita está gasto, não pode mais ser recuperado, nem economizado na hora da escrita. Mas existem alguns procedimentos simples que permitem usar o tempo disponível para escrever de modo mais produtivo, menos cansativo e menos estressante. Seguem algumas sugestões.

SUGESTÕES

NUNCA ESQUECER: ESCREVER CONSOME MUITO TEMPO

Toda escritora está numa batalha constante contra o tempo. Não deve perder consciência disso. Escrever consome muito tempo e toda escritora sempre achará que o tempo está passando depressa demais e que o seu prazo para concluir a escrita está chegando ao fim.

REVISAR MULTIPLICA O TEMPO DEDICADO A ESCREVER

Revisar o que foi escrito consome mais tempo do que escrever. Todo texto bem finalizado passa por muitas rodadas de revisão. Revisar textos consome tanto tempo porque implica várias ações simultâneas que exigem atenção cuidadosa: reler, reescrever, corrigir, explicar, cortar, acrescentar, ampliar, enxugar, emendar, reembaralhar etc. Acrescentar um texto novo a um texto já escrito também gasta tempo, mas não é o mesmo que revisar — é continuar escrevendo. No entanto..., mais para a frente, o texto novo também precisará ser revisado. Esse ponto é tão importante que existe discordância entre os defensores da boa escrita sobre o termo a usar — alguns usam **rever**; outros acham que rever é fraco e usam **revisar**; os mais severos usam uma palavra ainda mais forte, **reescrever**. Eu fico no meio termo — adoto **revisar**.

A SOLIDÃO DA ESCRITORA

Escrever e revisar são atos solitários e intransferíveis. A escritora deve contar principalmente consigo mesma, embora possa buscar a ajuda de diversos tipos de "apoiadoras" — leitoras críticas, editoras, colegas, subordinadas, chefes, cônjuges, orientadoras, coautoras etc. No entanto, é difícil obter atenção, ajuda e colaboração sistemática das apoiadoras — mesmo quando se consegue encontrar algumas. Se você envolver coautoras ou qualquer tipo de apoiadoras, e se elas funcionarem bem, isso é muito bom, mesmo que você demore um pouco mais para fechar o texto. No entanto, mesmo não estando mais solitária, o tempo da escrita e da revisão vai continuar a ser escasso. Por isso, não fique esperando por "apoiadoras" atrasadas, desaparecidas ou desistentes. Esteja sempre pronta para prosseguir sozinha.

FALAR NÃO É ESCREVER

Se você falar incessantemente sobre o que está escrevendo (ou sobre o que deveria estar escrevendo...), não se engane: vai roubar tempo e energia do seu esforço de escrever e revisar. Além disso, você quase certamente entediará os seus ouvintes. Falar incessantemente sobre a escrita é, a propósito, um passatempo (ou "gastatempo") predileto de doutorandos e mestrandos emperrados na escrita dos seus trabalhos finais, mas isso acaba sendo... uma perda de tempo.

PLANEJAR O TEMPO DE ESCRITA

Existem três alternativas básicas para administrar o seu tempo quando você escreve um texto de peso e encara um prazo *hard*, inflexível. Descrevo a seguir as opções, mas só cada autora pode descobrir qual é a sua melhor alternativa:

(i) **escrever/revisar durante intervalos curtos** – de 60 a 120 minutos horas por dia, sem necessariamente marcar dias certos (mas reservando três dias por semana, ao menos) e sem marcar horários certos para cada dia.

(ii) **escrever/revisar durante intervalos mais longos** – de três a cinco horas (ou até mais!) por dia, sem necessariamente marcar dias certos (mas reservando três a quatro dias por semana) e sem necessariamente marcar horários certos para cada dia.

(iii) **reservar um intervalo de tempo relativamente curto** - de 60 a 120 minutos, sempre na mesma parte do dia (manhã, tarde ou noite) de pelo menos quatro dias por semana; usar religiosamente esse intervalo apenas para escrever ou revisar. Fazendo isso, você talvez consiga passar sábados, domingos e feriados sem escrever ou revisar.

A primeira opção não é bem uma opção — é quase uma imposição para pessoas muito ocupadas ou com cotidianos picotados e imprevisíveis. Ainda assim, ela exige planejamento, disposição firme e agilidade para aproveitar curtos intervalos de tempo.

A segunda opção se ajusta a pessoas pouco ocupadas com outras atividades e que conseguem reservar longas horas de alguns dias por semana para se dedicar à escrita/revisão. Ela exige um planejamento mais rígido e disposição ainda mais firme.

Para pessoas não excessivamente ocupadas ou com cronogramas diários mais previsíveis, a terceira opção encaixa ordeiramente a escrita/revisão no dia a dia, mesmo num dia a dia sobrecarregado. Nessa opção, escrever/revisar convive bem com outras atividades cotidianas que tenham horários marcados — como malhar na academia, fazer compras no supermercado, ir ao médico, levar e pegar os filhos na escola, dar ou assistir às aulas, arrumar a casa, cozinhar etc. Mas ela exige um planejamento bem rígido e disposição firme.

A terceira opção é a melhor para mim, mas levei muito tempo para descobrir isso. Por muitos anos, eu me habituei a dedicar longas horas por dia à escrita/revisão. Mesmo depois de aderir tardiamente à terceira opção, ainda tendo a esticar o trabalho diário para além dos 120 minutos recomendados, quando outras atividades cotidianas estão cumpridas ou me dão uma folga. Inicialmente, eu me surpreendi com o quanto consegui render quando adotei a terceira opção, pois esperava que ela fizesse cair o meu rendimento em comparação com o que eu rendia escrevendo por horas a fio. Mas isso não aconteceu.[15]

No entanto, não existe uma opção melhor para todas as pessoas. Avalie o **seu** dia a dia e identifique a **sua** melhor opção de uso do tempo. Depois, planeje a **sua** escrita/ revisão de acordo com essa opção.

"QUE HORAS SÃO?"

Descubra as partes do dia (manhãs, tardes, noites... ou até madrugadas) em que você rende mais para escrever e/ou revisar. Depois que descobrir isso, planeje o uso do seu tempo de forma coerente com esses seus momentos de maior rendimento. Há pessoas que gostam de escrever de manhã cedo, quando as ideias estão "claras", ou revisar à noite, quando as ideias estão "cansadas". No entanto, cada autora tem que descobrir o que funciona melhor para ela.

---

[15] Paul J. Silvia dedica boa parte de um texto de apoio a escritoras explicando e recomendando essa terceira opção. Vale mencionar que só li o livro dele depois que eu tinha "descoberto" por conta própria essa terceira opção. Eu gostaria de ter lido o livro dele há muitos anos. Ver SILVIA, Paul J. *How to write a lot* – a practical guide to productive academic writing. 2nd ed. Washington D.C.: American Psychological Association, 2019.

"ONDE É QUE EU ESTAVA MESMO?"

Retomar a escrita/revisão depois de uma interrupção curta ou depois de um ou mais dias sem escrever quase sempre suscita essa pergunta. Descubra o que é mais estimulante para você fazer depois de cada interrupção e retome a escrita sem perder tempo matutando 10 ou 20 minutos sobre a questão. Eis as suas principais opções:

(i) continuar escrevendo o que escrevia logo antes de interromper;

(ii) fazer uma primeira revisão daquilo que escreveu logo antes de interromper e continuar escrevendo a partir daí;

(iii) retomar a escrita de uma outra parte do texto que está parada;

(iv) iniciar a escrita de uma nova parte do texto;

(v) enfrentar algum "nó cego" do texto, ou seja, uma parte problemática que você abandonou por algum tempo.

REAJA AO RENDIMENTO DECRESCENTE

Escrever e revisar cansam mente e corpo. Ao longo de cada jornada de escrita ou revisão (curta ou longa), toda escritora começa fria e rende pouco; depois, esquenta e passa a render bem. Em pouco tempo, ela entra numa "velocidade de cruzeiro" e o bom rendimento se estabiliza. Depois de mais algum tempo, o rendimento começa a cair lentamente. A solução clássica para que a queda de rendimento não seja vertical é fazer intervalos — *breaks* — curtos, mas regulares. *Breaks* ajudam mesmo quem escreve/revisa usando intervalos curtos, mas são imprescindíveis para quem escreve/revisa uma manhã inteira ou uma tarde inteira, por exemplo.

Eis algumas opções para fazer um bom *break*: afaste-se de computador, livros, anotações e... escolha apenas uma:

(i) telefone para alguém — mas não fique falando do texto que está escrevendo; ou

(ii) arrume (apenas) um aposento da casa; ou

(iii) lave (apenas alguns) pratos ou (apenas algumas) roupas; ou

(iv) curta uma paisagem (se houver); ou

(v) planeje uma viagem — mas faça o plano para depois de finalizar o texto.

Aviso: se você escolher duas ou mais dessas opções, não fará um *break*, mas sim estará **procrastinando**.

PROCRASTINAÇÃO – O MAIOR INIMIGO DO ESCRITOR

Segundo o *Dicionário Houaiss*, **procrastinação** é um substantivo feminino registrado pela primeira vez na língua portuguesa em 1836. Significa o ato ou o efeito de procrastinar, adiar, demorar, delongar, deixar para amanhã, deixar para depois. É uma palavra esquisita, pouco usada no cotidiano, mas para uma escritora ela é um sinal amarelo que aos poucos fica vermelho. Toda escritora vive em meio a muitas distrações e demandas no seu cotidiano e pode sempre encontrar motivo para procrastinar, para "fugir" de escrita/revisão. Não use os *breaks* para fugir da escrita!

TENTAÇÕES PROCRASTINADORAS

Segue uma breve amostra das muitas opções que existem para procrastinar, adiar, atrasar ou mesmo parar de escrever/revisar. Ninguém é imune à procrastinação. A ordem é: resista a ela o máximo que puder!

arrumar a casa toda // lavar todos os pratos // lavar todas as roupas // cozinhar usando novas receitas // fazer compras (inclusive on-line) // viajar nas mídias sociais // escrever e ler mensagens de e-mail, WhatsApp, Facebook, Twitter etc. // fazer longos coffee breaks; // "viajar" em longas séries Netflix, Prime, HBO etc. // reorganizar o closet // cochilar // malhar // permanecer na sua zona de conforto

INDICAÇÕES DE LEITURA

Apresento a seguir uma breve lista de textos que, apesar de diferirem entre si, compartilham o objetivo de ajudar escritoras a escrever. Existem muitas dezenas de livros desse gênero, de várias categorias, escritos por estudiosos das letras, linguistas, jornalistas e escritoras experientes. Alguns são mais técnicos, pautados pelas regras ortográficas, gramaticais e sintáticas vigentes ou pelas dinâmicas de mudanças nas línguas. Outros focalizam a identidade e o uso correto das várias categorias gramaticais de palavras (verbos, substantivos, adjetivos, preposições etc.), e não na escrita propriamente dita de textos. Há os que alertam para erros comuns e armadilhas pontuais da língua. Alguns se ocupam com questões de estilo. Finalmente, há os que valorizam a clareza da escrita e propõem soluções textuais apropriadas. Selecionei os títulos listados a seguir pensando principalmente nesse último tipo de livro — focalizado na clareza e em soluções para chegar a ela —, mas alguns tocam também em tópicos focalizados pelos outros tipos de livros.

A lista inclui uma boa parcela de livros escritos em inglês para praticantes do inglês, o que pode parecer estranho para algumas leitoras brasileiras. Explico: essa inclusão reflete leituras que fiz por conta própria depois de participar de vários *workshops* e aulas de escrita nos EUA, como estudante de pós-graduação e como professor visitante. Esses livros me ajudaram a escrever melhor também em português.

Surpreendi-me ao compor essa lista, pois descobri que o livro de Zinnser, o mais famoso do gênero nos EUA, foi traduzido recentemente para o português. Outro livro influente, o de Pinker, também foi traduzido para o português. Existem, portanto, pessoas que concordam comigo que esses livros — e talvez outros escritos em inglês — são úteis para os praticantes do português.

Sem esquecer as dezenas de sites, blogs, podcasts, plataformas e cursos disponíveis na Internet (muitos deles pagos), sugiro que as interessadas em conhecer outros livros desse gênero façam buscas nas seções do site da Amazon intituladas "Habilidades de Escrita e Guias de Escrita", "Guias de Escrita, Pesquisas e Publicações" e "Manuais de Escrita".

BURSZTYN, Marcel; DRUMMOND, José Augusto; NASCIMENTO, Elimar Pinheiro do. *Como escrever (e publicar) um texto científico* – dicas para pesquisadores e jovens cientistas. Rio de Janeiro: Editora Garamond, 2010.

CLARK, Roy Peter. *Help for Writers* – 210 Solutions to the Problems Every Writer Faces. New York: Little, Brown and Company, 2011.

CLARK, Roy Peter. *Writing Tools* – 50 essential strategies for every writer. New York: Little, Brown and Company, 2006.

DINIZ, Débora. *Carta de uma orientadora:* o primeiro projeto de pesquisa. Brasília: LetrasLivres, 2012.

GILL, Charlene. *Essential Writing Skills for College and Beyond*. Cincinatti, Ohio: Writer's Digest Books, 2014.

KLINKENBORG, Verlyn. *Several Short Sentences About Writing*. New York: Vintage Books, 2012.

LANDON, Brooks. *Building Great Sentences* – how to write the kinds of sentences you love to read. New York: Penguin, 2013.

MAJORS, Kerry. *This is NOT a writing manual* – notes for the young writer in the real world. Cincinatti, Ohio: Writer's Digest Books, 2013.

PERROTTI, Edna Barian. *Superdicas para escrever bem diferentes tipos de texto*. 3. ed. São Paulo, Benvirá, 2018.

PINKER, Steven. *The Sense of Style* – the thinking person's guide to writing in the 21st Century. New York: Penguin, 2014. [traduzido para o português em 2016 pela Editora Contexto]

ROYAL, Brandon. *The Little Red Writing Book.* – 20 powerful principles of structure, style and readability. Cincinatti, Ohio: Writer's Digest Books, 2004.

SACCONI, Luiz Antônio. *Não Confunda*. 2. ed. reformulada e ampliada. São Paulo: Atual Editora, 2000.

SILVIA, Paul. *How to write a lot* – a practical guide to productive academic writing. 2nd ed. Washington D.C.: American Psychological Association, 2019.

SQUARISE, Dad; SALVADOR, Arlete. *A Arte de escrever bem*. São Paulo: Contexto, 2020.

SQUARISI, Dad; SALVADOR, Arlete. *Escrever Melhor* – Guia para passar os textos a limpo. 2. ed. São Paulo, Contexto, 2017.

SQUARISE, Dad; CUNHA, Paulo José. *1001 Dicas de português:* manual descomplicado. São Paulo: Contexto, 2015.

WILBERS, Stephen. *Mastering the craft of writing* – how to write with clarity, emphasis and style. Cincinatti, Ohio: Writer's Digest Books, 2014.

ZINSSER, William. *On Writing Well* – the classic guide to writing nonfiction. 7th ed. Revised and updated. New York: Barnes and Noble, 2013. [Traduzido para o português em 2021 pela Editora Fósforo]

ÍNDICE REMISSIVO

A

Abreviaturas

Adjetivos

Advérbios

Apud

Argumento do espantalho (Ver *Strawman argument*)

Aspas

Autora

Autoras

B

Breaks

C

Citação

Citação de citação

Contagem (de páginas)

Contagem (de palavras)

Corretor gramatical

Corretor ortográfico

D

Dpi (*dots per inch*)

E

Endnotes (ver notas de fim de texto)

Entretítulos (ver Subtítulos)

Entrevistas

Escritora

Escritoras

Espaçamento (entre linhas)

F

Figuras

Fraqueza do poder

Fontes (ver tamanho de fontes)

Fontes (ver tipos de fontes)

Footnotes (ver notas de pé de página)

Fotografias

I

Indicadores

Intervalos ver *breaks*)

Itálicos

L

Leitora

Leitoras

M

Manuais de escrita

Margens de textos

Margens translineadas
Margens justificadas

N
Negritos
Notas de fim de texto
Notas de pé de página
Numeração de páginas
Numeração de figuras

O
Objetivo

P
Palavras "gastas"
Parágrafos
Parênteses
PlaneJar o tempo de escrita
Pleonasmos
Procrastinação
Publicar em outra língua

Q
Quadros

R
Revisão
Revisar

Revistas científicas

S
Sentenças curtas
Sentenças longas
Sic
Siglas
Strawman argument
Sublinhados
Subtítulos
Sujeitos
Sujeitos compostos
SVP

T
Tamanhos de fontes
Tempo de escrita
Tempo de revisão
Tempos verbais
Tipos de fontes
Títulos
Traduções
Transcrição *verbatim*
Transcrição *standard*
Translineação
Tradutoras

U
Unidades de medida

V
Verbos

Vírgulas

Voz ativa

Voz passiva